En couverture:

Dessin de Corinne VENOT, d'après une figurine yoruba du Nigéria représentant un couple d'Edan (Musée des Arts Africains et Océaniens, n M.N.A.N. 69.8.1.)

ASPECTS DU BASAA

SOCIÉTÉ D'ÉTUDES LINGUISTIQUES ET ANTHROPOLOGIQUES DE FRANCE

96

Gerrit DIMMENDAAL

ASPECTS du BASAA

(bantou Zone A, Cameroun)

traduit du néerlandais par Luc Bouquiaux
avec la collaboration d'Anne Behaghel

SELAF 96

Publié avec le concours du
CENTRE NATIONAL DE LA RECHERCHE SCIENTIFIQUE

PEETERS/SELAF

PARIS
1988

ISSN : 0249-7050
ISBN : 2-87723-007-4

Dépôt légal: Juin 1988

RÉSUMÉS

Gerrit DIMMENDAAL - Aspects du basaa, traduit du néerlandais et présenté par Luc BOUQUIAUX
1988, Paris, PEETERS/SELAF (Bibliothèque 96).

Dans la classification de M. GUTHRIE, le basaa, langue bantoue parlée dans le Sud-Cameroun, est classé parmi les langues de la Zone A et plus particulièrement dans le groupe A 40. C'est le dialecte oriental, numériquement le plus important, appelé mbene et classé A 43 qui est décrit dans cet ouvrage. L'auteur étudie successivement la phonologie, la morphologie nominale et verbale, la dérivation verbale, dans une optique générative. En appendice figurent un texte et un lexique des noms et des verbes. Une comparaison phonologique et partiellement lexicale est esquissée avec le biso, un parler basaa de Nyaho, arrondissement de Ndom, sur la base d'enquêtes réalisées pour l'Atlas Linguistique du Cameroun.

Gerrit DIMMENDAAL - Aspects of Basaa, translated from Dutch and presented by Luc BOUQUIAUX
1988, Paris, PEETERS/SELAF (Bibliothèque 96).

In M. GUTHRIE's classification, Basaa, a Bantu language spoken in Southern Cameroon, appears among the languages of group A, specifically in sub-group A 40. This work describes the eastern dialect of Basaa, called Mbene and classified as A 43, which also has the largest number of speakers. The author provides a generative view of its phonology, noun and verb morphology and verb derivation. An appendix contains a text and a lexicon of nouns and verbs. A first approach is made to a phonological and partially lexical comparison with Biso, the Basaa dialect of Nyaho in the circumscription of Ndom, based on surveys conducted for the Linguistic Atlas of the Cameroon.

Gerrit DIMMENDAAL - Aspectos del basaa, traducido del holandés y presentado por Luc BOUQUIAUX
1988, Paris, PEETERS/SELAF (Bibliothèque 96).

En la clasificación de M. GUTHRIE, el basaa (una lengua bantú del sur del Camerún) aparece entre las lenguas de la zona A, y más precisamente en el grupo A 40. En esta obra se describe el dialecto oriental, el más importante en número de locutores, que se llama mbene y lleva el número de clasificación A 43. El autor estudia sucesivamente la fonología, la morfología nominal y verbal y la derivación verbal, dentro de una óptica generativa. Aparecen como apéndice un texto y un léxico de nombres y verbos. Se esboza una comparación fonológica y en parte lexical con el biso, un dialecto basaa de Nyaho de la circunscripción de Ndom, basada en encuestas realizadas para el Atlas lingüístico del Camerún.

Gerrit DIMMENDAAL - Aspekte des Basaa, aus dem Niederländischen übersetzt und vorgestellt von Luc BOUQUIAUX
1988, Paris, PEETERS/SELAF (Bibliothèque 96).

In seiner Gliederung hat M. GUTHRIE das Basaa, eine Bantusprache aus Südkamerun, den Sprachen der Zone A und darin der Gruppe A 40 zugeordnet. Der Ostdialekt, von der Sprecherzahlher der wichtigste, Mbene genannt und als A 43 klassifiziert wird in diesem Werk beschrieben. Der Autor untersucht nacheinander die Phonologie, die Morphologie der Nomina und der Verben und die verbalen Ableitungen aus generativer Sicht. Im Anhang finden sich ein Text und eine Wortliste mit Nomina und Verben. Ein phonologischer Vergleich und teilweise auch ein lexikalischer mit dem Biso, der Basaamundart von Nyaho im Arrondissement Ndom, wurde skizzenhaft auf der Basis der Untersuchungsergebnisse für den Sprachtatlas Kamerun angefertigt.

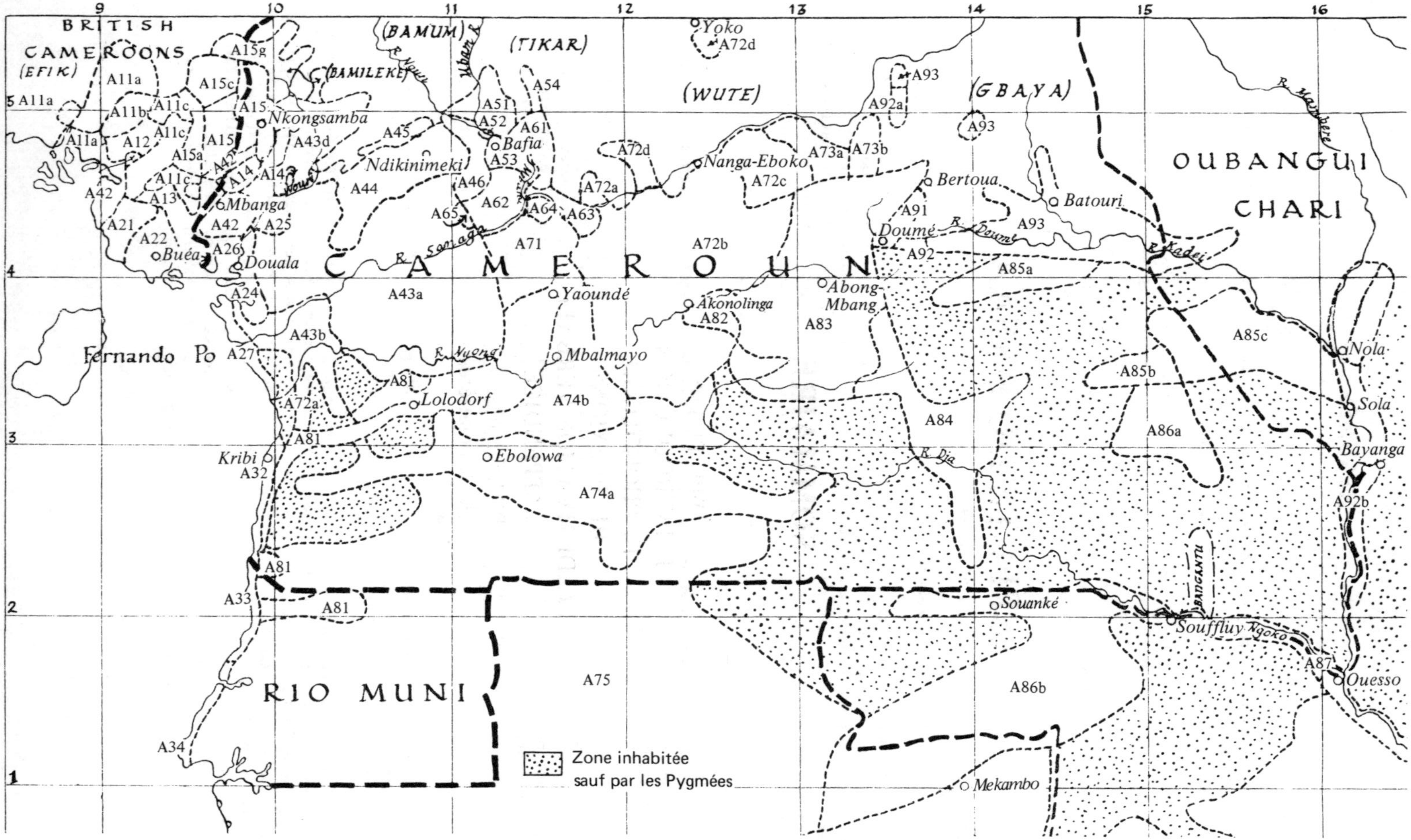

1. LES LANGUES BANTU DU NORD-OUEST

(D'après I. DUGAST, 1969, *Inventaire ethnique du Sud-Cameroun*)

ASPECTS DU BASAA

SOMMAIRE

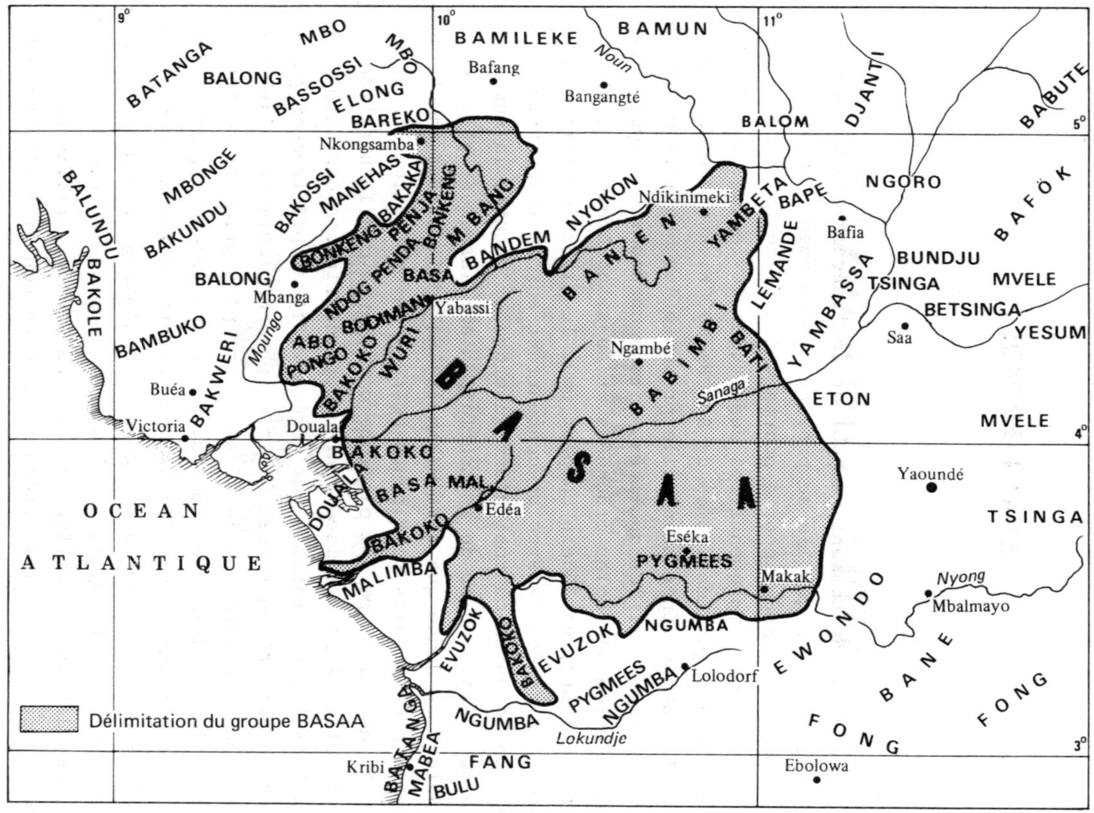

2. LE GROUPE BASAA

(D'après M. GUTHRIE, 1953, *The Bantu languages of Western Equatorial Africa*)

AVANT-PROPOS

Il m'a paru intéressant de publier en français l'étude de Gerrit DIMMENDAAL, car bien qu'elle se présente modestement comme un survol de la langue, elle nous apporte pourtant des éléments nouveaux dignes d'intérêt et complémentaires des études lexicologiques de LEMB et de GASTINES ou grammaticales de BOT BA NJOCK. Rédigée dans une optique résolument générative, elle présente les qualités et les défauts du genre. Parmi les qualités, citons un souci de rigueur dans la formalisation de règles ordonnées et aussi générales que possible. Parmi les défauts, un dédain complet pour le niveau de communication. L'intérêt des générativistes se concentrant sur la reconstruction de formes sous-jacentes où tout n'est qu'ordre et beauté, la superficialité de l'émission ou de l'énonciation est largement négligée : notre auteur ne donne que fort rarement les réalisations phonétiques. La recherche des traits pertinents pour la détermination des phonèmes n'est pas faite, ce qui explique d'ailleurs que la notation proposée ne puisse être utilisée pour une transcription courante : on ne peut "lire" les notations des générativistes, précisément parce qu'elles se situent au niveau de la morphophonologie et celle-ci est d'autant plus complexe que le décalage est plus grand entre formes superficielles et formes profondes. Seule une langue dépourvue de morphologie (définie comme "étude des variations formelles des signifiants") et ne présentant aucun phénomène d'amalgame pourrait être notée avec succès en appliquant les principes de la phonologie générative. Des langues de ce type - sauf les langues artificielles - sont fort rares, aussi les générativistes en sont-ils réduits pour des besoins pratiques, par exemple la notation de contes censés être lisibles par un public non spécialisé, à proposer ce qu'ils appellent une "écriture", compromis souvent boiteux entre notation phonétique de surface et notation phonologique (c'est-à-dire, dans mon système, "morphophonologique") profonde pour autant que celle-ci ne soit pas trop abyssale... Etant partisan du principe suivant lequel une langue doit être étudiée en elle-même et pour elle-même et que les rapprochements qu'on peut faire ensuite avec une éventuelle langue-mère sont d'autant plus pertinents que l'étude a d'abord été faite dans une stricte perspective synchronique, je suis également hostile aux allusions, dans le corps de l'ouvrage, au bantou commun, au proto-bantou et à la formulation de règles *ad hoc* reflétant l'état ancien.

Ces quelques remarques, on l'aura compris, n'entament pas le crédit de l'étude qui suit. Les faits sont recueillis avec assez de soin pour qu'on puisse les réinterpréter dans quelque autre grille qui conviendra.

.

. .

En 1974, dans le cadre d'enquêtes rédigées pour l'Atlas Linguistique du Cameroun, Jacqueline M.C. THOMAS remplit pour le biso [bìsɔ̀ɔ̀] un questionnaire d'inventaire linguistique (Q.I.L.), élaboré à partir de la liste de deux cents mots de SWADESH avec des phrases d'illustration pour chacun d'eux. Pour être précis, disons qu'il comprend un total de 221 items avec 255 phrases attenantes. L'informateur était de Nyaho, arrondissement de Ndom et considérait son parler, connu administrativement comme *basso*, comme un dialecte du basaa. L'intercompréhension était, prétendait-il, totale entre Basaa et Basoo.

On conviendra qu'il était délicat d'extraire d'un corpus aussi restreint une phonologie parfaitement cohérente ; disons que celle que je propose ici, rédigée dans l'optique structuraliste qui est la mienne, est indicative, puisqu'aussi bien, je n'ai pas voulu changer le titre de DIMMENDAAL, *Aspects du basaa*, celui-ci me convient tout à fait pour chapeauter aussi mes considérations phonologiques sur le biso.

Les traits les plus intéressants à signaler sont les suivants : la présence d'une série de prénasalisées sourdes, alors que dans les parlers décrits par BOT BA NJOCK et DIMMENDAAL, le préfixe nasal est représenté par ϕ, entravant la formation de prénasalisées initiales. En biso, ces prénasalisées sourdes se rencontrent également en position intervocalique. Le phonème v, absent du dialecte oriental décrit par DIMMENDAAL, est ici bien représenté et correspond souvent à h dans ce dernier. Le n syllabique se réalise également devant les prénasalisées.

SYSTEME PHONOLOGIQUE

Consonnes à l'initiale

		ext.	ant.	centrales: fric.	centrales: affriquées	post.	mixtes
	implosive	ɓ					
orales	sourdes	p	t	s	c	k	kw
	sonores	b	d	z	j	g	gw
	continues	v	l	y		h	w
prénasalisées	sourdes		nt	ns	nc	nk	
	sonores	mb	nd	nz	nj	ng	ngw
	continues	mv	nl				
nasales		m	n	ɲ		ŋ	ŋw

(fric. + affriquées = centrales; ant. + centrales + post. = internes)

Une représentation dans l'espace permettra de mieux saisir les rapports existant entre ces différents phonèmes

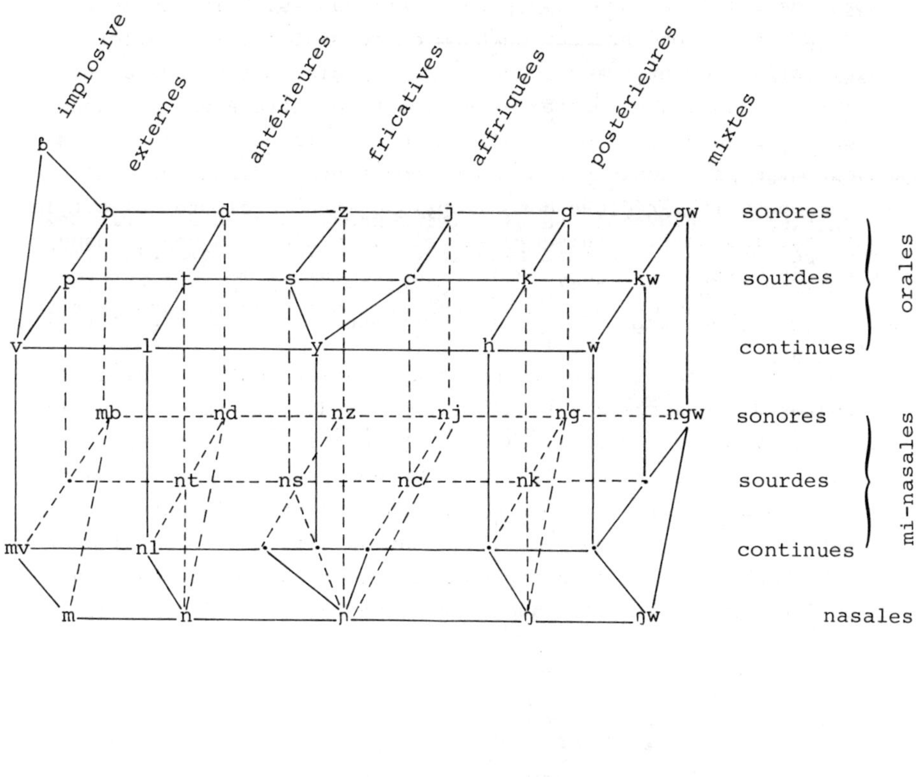

Consonnes intervocaliques

On constate ici une neutralisation de l'opposition sourdes /sonores, aussi bien pour les orales que pour les prénasalisées, l'archiphonème étant généralement réalisé sonore, sauf pour les alvéolaires où **s** est la réalisation la plus fréquente. Certaines prénasalisées sonores n'ont pas été rencontrées en cette position, mais il se peut que cela soit dû à un manque de représentativité du corpus, fort restreint comme on l'a vu. La réalisation des orales **b, d, g** est très relâchée, spirante [β, γ] ou vibrante à un battement [ɾ]. Les six ordres nécessaires pour le classement à l'initiale sont ici réduits à trois : labial, central et postérieur.

orales	fortes	ɓ	s	
	continues		l	h
	douces	b [β]	d [ɾ]	g [γ]
	prénasalisées	mb	nj	ng
	nasales	m	n	ŋ
		labiales	centrales	postérieures

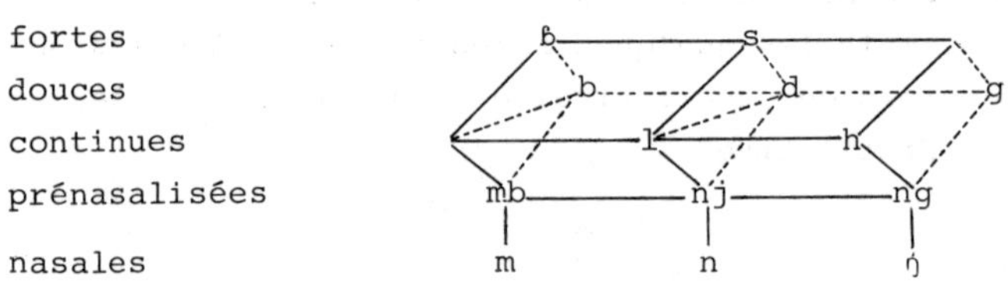

Consonnes finales

En finale, le système se simplifie encore avec la disparition de deux séries : les prénasalisées (avec toutefois un exemple de **mb** dans /**nlámb**/ "viande", réalisé [m̚] c'est-à-dire comme une nasale bilabiale sonore non explosée) et les continues. Les orales sont réalisées sourdes :

non occlusive		s	
orales	p	t	k
nasales	m	n	ŋ
	antérieures	centrales	postérieures

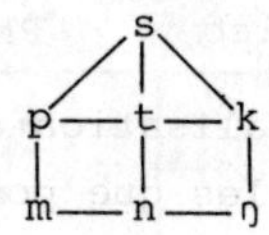

Voyelles

Le système vocalique comporte sept voyelles et oppose des brèves à des longues.

i u
e o
ɛ ɔ
a

Tons

On trouve quatre tons phonologiques ; deux tons simples : bas, haut et deux tons modulés : montant, descendant. En discours rapide, ces deux derniers sont souvent réalisés comme moyens ou comme hauts abaissés, ce qui rend leur identification délicate. On rencontre également une combinaison bas-haut-bas. Il a été relevé un certain nombre de failles tonales, mais les quelques rares exemples où elles ont été notées n'ont pas permis de savoir si elles étaient prévisibles et assorties d'une valeur distinctive.

.

. .

J'ai envoyé à mon collègue Jan VOORHOEVE de l'Université de Leiden ma traduction et ces quelques pages d'avant-propos dans l'attente de ses commentaires et de ses critiques. Son excellente connaissance de la Zone A et du basa ainsi qu'une analyse poussée du QIL biso l'ont amené à proposer une comparaison des classes nominales dans les deux langues, assortie de commentaires pertinents. Comme ces réflexions apportent de nouvelles lumières sur les différences existant entre biso et basa, je me fais un plaisir de les citer ci-dessous.

Comparaison des classes nominales

N.B. : PN = préfixe nominal ; PA = préfixe d'accord ; N = nasale ; QIL = Questionnaire d'inventaire linguistique.

basa	PN	PA	biso	PN	PA	Classe
	m	ù		m	ù	1
	ɓa	ɓá		bi	bí	2
	N	ú		(i)N	ú	3
	N	mí		mi	mí	4
	li	lí		li	lí	5
	ma	má		mi	mí	6
	i	í		i	í	7
	bi	bí		bi	bí	8
	N	ì		N	ì	9
	N	í		N	í	10
	hi	hí }		vi	ví }	19 (= QIL 11)
	di	dí }		--	-- }	13
	--	--		a	á }	X (= QIL 12)
	u	ú		a	ú (∿á)	15 (/6)
	mi-N	mí		mi-N	mí	4 + 3
	ma-N	má		mi-(N)	mí	6 + 9

On constate une grande ressemblance entre basa et biso, mais quelques remarques sont quand même nécessaires pour comprendre les différences :

(1) Un développement en biso (a → i) a réussi à oblitérer presque totalement la distinction entre les classes 2 et 8, et entre les classes 4 et 6.

(2) Le genre 3/4 se révèle uniquement dans ŋwɛ̌l / *id.* "queue" en basa (mu > N et mi > N), et dans (i)mú / mìhɔ́ "tête" en biso. Je suppose que la nasale syllabique a développé un i léger devant la nasale pour porter le ton bas mù-hɔ́ > (ì)mhɔ́ > (ì)mú.

(3) Pour le reste du genre qui risquait de perdre la distinction sg./pl., on a ajouté le PN cl. 4 au singulier. Voir la classe 4 + 3 dans le tableau. Le développement peut être dû à la réinterprétation de N-C... comme ∅-NC...

(4) Le même développement peut avoir joué dans la classe pluriel 6 + 9 comme pluriel de 9. Le biso n'est pas très clair. Voir ndǎp / mìndǎp "case", ǹnhɔ̀m / mìnhɔ̀m "village (3/4 ou 3/6), ànù / mìnù "bouche" (3/4 ou 3/6). Les deux langues ont peut-être subi des développements divers sur ce point.

(5) La classe 19 (*pi) a donné hi en basa et vi en biso (QIL classe 11).

(6) La classe 19 présente différentes classes comme pluriel dans les

deux langues. La classe 13 du basa n'est pas si évidente et l'identification à la classe 13 du PB *tu, n'est pas du tout sûre. Vu les faits du biso je préfère ne pas l'identifier comme cl. 13, mais dire qu'un singulier (cl. 19) a développé un pluriel de façon différent en basa, di et en biso, a (QIL classe 12).

(7) Le contenu de 15/6 est clair : oreille, bras, pied, bouche. Mais en basa "bouche" est passé en 9/6 + 9, et en biso "bras" est passé en 5/6. Si en biso a > i, serait-il possible que u > a dans cette langue ?
Donc dans les deux langues ku > u, et en biso u > a, en tout cas devant consonne (voir ú-ádǎ > wádǎ "un", ú-sɔ̀s > á-sɔ̀s "beau").

.

. .

En annexe, l'auteur a fait figurer une liste de noms et de verbes en deux transcriptions : phonologiques (générative) et phonétique. J'y ai ajouté une quatrième colonne avec des notations phonologiques (structurales) du biso pour les termes où j'avais des correspondances.

Luc BOUQUIAUX

I. INTRODUCTION

Ceci est le résultat de trente-cinq heures de travail de terrain avec un excellent informateur, Paul Kendek, durant les mois de février et de mars [1976].

Il est né en 1953, à Bunjock, dans l'arrondissement de Makak [Cameroun].

Le basaa [ɓàsàá] est sa langue maternelle. Il parle en outre le français et peut comprendre le duala.

Dans les pages suivantes j'essaierai de donner une description et une analyse succincte de quelques aspects du dialecte oriental que parlait mon informateur.

Je n'envisagerai pas ici la dérivation nominale.(BOT BA NJOCK, 1970) donne un exposé de celle-ci dans les pages 140 à 180 de son ouvrage).

Je ne consacrerai que peu de pages aux problèmes de phonologie et de syntaxe.

A. DONNEES PRIMAIRES ET SECONDAIRES

A côté du matériel que j'ai obtenu lors de mon travail de terrain, j'ai également fait usage pour cette description de données qui avaient déjà été rassemblées précédemment par d'autres.

Le premier travail imprimé sur le basaa provient de P.S. ROSENHUBER; paru en 1908, il comprend une grammaire, un lexique et quelques textes.

En 1911, parut à titre posthume une description (où pour la première fois le ton était noté, il est vrai de manière incomplète et parfois fautive) de la main de G. SCHÜRLE ; il y était également ajouté un lexique.

GEHR publia en 1914 une description du dialecte occidental, le bakoko (sans notation tonale) ; on y avait également ajouté quelques textes.

La même année parut une analyse tonale du basaa de SKOLASTER. Je m'y référerai ci-dessous dans le chapitre concernant le ton et les groupes tonaux.

L'étude beaucoup plus récente du basaa qui parut en 1970, à savoir la thèse d'Henri-Marcel BOT BA NJOCK, *Nexus et Nominaux en Basaa* a cependant été pour moi d'un intérêt majeur. L'auteur s'était fixé pour but "de vérifier dans quelle mesure une langue africaine peut être décrite à partir de la théorie contenue dans *Eléments de linguistique générale* d'André MARTINET..." (page 14), et notamment en ce qui concerne le nexus (ou énoncé nominal) ainsi que les constructions nominales.

Lorsque mon analyse diffère de celle de BOT BA NJOCK, j'essaie d'expliquer pourquoi j'ai préféré une interprétation différente.

En outre, il existe un remarquable dictionnaire basaa-français, compilé par LEMB et GASTINES.

J'ai également consulté quelques articles ; ils sont mentionnés dans les différents chapitres, là où ils se révèlent pertinents.

(Pour les données bibliographiques, voir à la fin du volume).

B. LA POSITION DU BASAA

Dans la classification géographico-typologique de GUTHRIE, le basaa est classé parmi les langues de la zone A, et plus particulièrement dans le groupe A 40, où se trouvent également des langues telles que le lɔmbi (A 41), le baŋkɔn (A 42), le banɛn (A 44), le nyɔʔɔ (A 45) et le mandi (A 46) (GUTHRIE, 1953 : 28-32).

En basaa on peut distinguer un dialecte oriental numériquement important, le mbene [mbɛ́nɛ̂], classé A 43 par GUTHRIE, comptant approximativement 230 000 locuteurs, et une variante occidentale, le bakoko [bákɔ́kɔ̀], classé A 43b, qui n'est parlé que par 24 000 personnes environ.

(Pour la situation géographique, voir les cartes 1 et 2).

Dans un article encore inédit de HEINE, VOSSEN et HOFF, le basaa est rangé dans la branche IV, le rameau Sanaga qui fait lui-même partie de l'arbre à huit branches des langues bantoues (dans *Neuere Ergebnisse zur Territorialgeschichte der Bantu*).

I II III IV V VI VII VIII

Sanaga : à l'intérieur de ce groupe, le basaa forme avec quelques autres langues un des deux sous-groupes.

II. PHONOLOGIE

A. VOYELLES

Le basaa a sept voyelles :

	antérieur (non-arrondi)	postérieur (non-arrondi)	postérieur (arrondi)
haut	i		u
moyen	e		o
bas	ɛ	a	ɔ

Ces sept voyelles correspondent à :

į ȩ ɛ a ɔ ǫ ų	dans *Comparative Bantu II* de GUTHRIE
i e ɛ a ɔ o u	dans *Dictionnaire Basaa-Français* de LEMB et GASTINES, et *Nexus et Nominaux en Basaa* de BOT BA NJOCK

Exemples :

/níp/ [nípʰ] "voler"

/ɓép/ [ɓépʰ] "frapper"

/kɛ̀/ [kɛ̀] "aller"

/màl/ [màl] "finir"

/nyɔ́/ [ɲɔ́] "boire"

/hót/ [ḥótʰ] "plier"

/kùmb/ [kùmb] "faire du bruit"

Les voyelles peuvent avoir aussi bien des tons hauts que des tons bas. On peut également trouver un ton descendant sur une voyelle (ainsi dans -**nâ** "quatre").

La distribution des voyelles longues est limitée aux syllabes ouvertes, c'est-à-dire à celles qui se terminent par une voyelle (CV(V)) (quelques exceptions subsistent dans des idéophones tels que

bóómbà "faire plusieurs choses à la fois avec beaucoup de bruit" et des mots tels que nɔ̀ɔ̀dɛ̀ "essayer, tenter, goûter").

Les voyelles sont également brèves devant les consonnes prénasalisées : **tìmb** "retourner", **sɔ́mb** "acheter".

Les voyelles longues en proto-bantou sont devenues brèves en basaa : **ḥép** < ***-peep** (ou dans cette transcription : **-pɛ̀ɛ̀p** (MEEUSSEN 1967, page 86).

B. CONSONNES

Le dialecte oriental du basaa, dont on décrira ci-après quelques aspects, a vingt-sept consonnes (BOT BA NJOCK arrive dans sa description à un total de vingt-neuf ; voir ci-après). Ce sont :

		labiales (- cor)	alvéolaires (+ cor)	palatales (+ cor)	vélaires (- cor)	vélaires (- cor)
obstruantes (- sonore)	occlusives (- son., - impl.)	p	t	c	k	kw [+ lab]
	occlusive (- son., + impl.)	ɓ				
	occlusives (+ son., - nas.)	b	d	j	g	gw [+ lab]
	fricatives (- son., - nas.)	(f)	s			
sonorantes (+ sonore)	prénasalisées occlusives (+ son., + nas.)	mb	nd	nj	ŋg	
	nasales (+ nas., + son.)	m	n	ny	ŋ	ŋw [+ lab]
	latérale (- nas., + son.)		l			
	semi-voyelles (- nas., - son.)	w		y	h	

Extrait de : Marcel BOT BA NJOCK, *Nexus et nominaux en basaa*, 1970 (p. 12).

			Bilabiales	Labiodentales	Apicodentales	Sifflantes	Chuintantes	Dorsales: Palatales	Dorsales: Vélaires	Glottale (Laryngale)
CONSONNES	OCCLUSIVES (Plosives momentanées)	Sourdes	p		t		c		k kw	
CONSONNES	OCCLUSIVES (Plosives momentanées)	Sonores	b ɓ		d		j		g gw	
CONSONNES	CONSTRICTIVES (Fricatives)	Sourdes		f		s		hy		h
CONSONNES	CONSTRICTIVES (Fricatives)	Sonores		v				y	w	
CONSONNES	LATERALE				l					
CONSONNES	VIBRANTE (roulée)				(r)					
CONSONNES	NASALE		m		n				ŋ	
CONSONNES	MI-NASALES		mb		nd		nj	ny	ŋg ŋgw ŋw	
VOYELLES	1ère aperture							i	u	
VOYELLES	2ème aperture							e	o	
VOYELLES	3ème aperture							ɛ	ɔ	
VOYELLES	4ème aperture							a		

Nota : Le phonème /r/ est hors système ; on le trouve fréquemment dans des emprunts aux langues européennes ou dans des idéophones.

/f/ Dans mes propres données je n'ai pas pu trouver d'exemples du phonème /f/. Le dictionnaire de LEMB et GASTINES en donne seulement quatre exemples, dont trois sont très précisement des emprunts (fâm "plantation", fótò "photo, caméra", fùfú "couscous", fɛ́tfɛ́t "totalement, total" (idéophone ?).

/v/ BOT BA NJOCK mentionne ce phonème, mais je n'ai pu le trouver ni dans ses matériaux, ni dans le dictionnaire.

Remarques :

/hy/ BOT BA NJOCK mentionne également un phonème /hy/ à la page 12 de sa dissertation. La distribution de ce phonème est limitée quant à sa position devant une voyelle dans le dialecte décrit par l'auteur nommé ci-dessus. Exemple : hy-àndí "morceau". Mon informateur disait cependant h-àndí ; en d'autres termes, /hy/ n'est pas un phonème pour le dialecte que j'ai décrit.

/ŋgw/ Par exemple dans [ŋgwɔ́] "chien", segmenté par BOT BA NJOCK comme ŋgw-ɔ́. Cependant, entre ŋ- et gw- se trouve une limite de morphème, ŋ- est un préfixe nominal des classes 9/10 (voir *infra*). C'est pourquoi ŋgw ne constitue pas un seul phonème, mais en comprend deux (dans mon interprétation sous-jacente, il est rendu par ny-gwɔ́).

/kw/ Ce phonème devient [ku]/u.

/gw/ Ici également gw devient [gu]/u.

/ny/ Dans notre graphie, la nasale palatale [ñ] est rendue par /ny/.

/ŋw/ Vélaire nasale labialisée : ŋ est peut-être conditionné par w, mais cependant j'ai rendu cette nasale labialisée par /ŋw/. Ceci ne signifie pas que tout [ŋw] est également un /ŋw/ sous-jacent : [mì-ŋ̀-kùlɛ̀ŋ ŋwɛ̂m] "mes haches", est représenté en forme sous-jacente comme /mì-ŋ̀-kùlɛ̀ŋ mí-ɛ̀m/ (c'est seulement pour les voyelles qu'existe l'accord pronominal [ŋw]).

Là où les formes sous-jacentes et les formes de surface différaient l'une de l'autre, j'ai essayé par des règles d'alternance (non-formalisées) de relier les formes de base et leur réalisation phonétique l'une à l'autre dans les pages qui suivent.

/ɓ/ Ce phonème n'apparaît jamais en fin de mot. Structurellement il fonctionne comme une consonne sourde : le préfixe nominal en classe 1 et 9 est ∅ devant les consonnes sourdes et devant ɓ.

Exemples :

∅-kàndá "ceinture"

∅-ɓɔ̀ŋá "cerveau"

C'est la raison pour laquelle il a reçu la marque (- sonore).

/p/ Dans mon interprétation /b/ n'apparaît pas en fin de mot, mais bien /p/.

Exemple :

hép "respirer

On pourrait également analyser ce mot comme /héb/ (avec une règle de neutralisation pour /b/ en fin de mot).

Comme cependant la consonne n'est pas un [b¯] non-explosé, mais très clairement [pʰ] explosé, j'ai choisi pour mon analyse de le désigner comme /p/. J'ai donc besoin d'une règle, qui transforme /p/ en [b], ou qui aboutisse à [β] en position intervocalique, comme avec l'extension : /lɛ̀p + Vl/ "pleurer", pour [lɛ̀bɛ̀l], ou [lɛ̀βɛ̀l] (voir chapitre sur les extensions).

/t/ Ici non plus, /d/ (comme 'partenaire' sonore) n'apparaît pas en fin de mot (comparer /p/ et /k/). L'occlusive alvéolaire sourde est réalisée [tʰ] en fin de mot (on a également besoin dans ce cas d'une 'voicing rule' (règle de sonorisation) pour les extensions).

/k/ L'occlusive vélaire sourde apparaît bien en fin de mot, mais non sa partenaire sonore ; /k/ est réalisé [kʰ] dans cette position.

/b/ La distribution de ce phonème est limitée à l'initiale des mots et à la position médiane (comparer avec la distribution de /d/, /g/). Pour /b/ il existe une règle facultative : /b/ donne [β] entre deux voyelles.

/d/ Pour /d/ également il existe une règle facultative : /d/ donne [ř] entre deux voyelles.

/g/ L'occlusive vélaire sonore peut également être réalisée [ɣ] entre deux voyelles.

Dans la zone du Nord-Ouest, on ne trouve que quelques exemples d'application de la règle de MEINHOF (cf. MEEUSSEN A.E., *Meinhof's Rule in Bantu*). On trouve pourtant des traces du fonctionnement d'une règle de ce genre, par exemple dans des mots tels que mìm "cadavres" cl. 3/4 (<*-bìmbà, cl. 7/8). Cette règle n'est cependant pas une règle vivante en basaa.

C. TONS ET GROUPES DE TONS (NOMS)

SKOLASTER fut le premier qui s'occupa de l'analyse de la structure tonale du basaa. Il en vint à la conclusion qu'il y avait quatre tonèmes, à savoir bas, moyen, haut et aussi double (c'est-à-dire 'Doppeltone') (SKOLASTER, 1914).

Le basaa n'a cependant que deux tonèmes : haut (marqué ici par ´), et bas (indiqué ici par `), ainsi que l'a démontré BOT BA NJOCK, bien que l'un des arguments qui l'amena à préférer la notation de deux tonèmes plutôt que trois fût que le proto-bantou n'avait que deux tonèmes, alors que ceci n'est pas pertinent (BOT BA NJOCK, 1964).

Le phénomène du haut abaissé (downstep), ø-sɔ́-sɔ̀ "grand" [¯—] apparaît également. On peut aussi faire mention d'un 'downdrift' (le second 'haut' est plus bas que le premier 'haut' dans une séquence haut-bas-haut), le downstep apparaissant lors de la chute d'un ton bas : [¯_¯] → [¯-].

On peut donc expliquer le downstep par la représentation entre deux tonèmes hauts d'un ton bas (non segmentaire). Ainsi, ø-sɔ́`-sɔ́ donne [sɔ́sɔ̀] (pour les phénomènes de downstep voir également par exemple les pages 38 et 55).

Il faut distinguer cinq schémas tonaux :

1) Racines avec B(B)

-kɔ̀ɔ̀ "jambe, pied"

-jɔ̀k "éléphant"

-yàngà "pont"

(et également les verbes :

-ɓùù "chasser"

-nyɛ̀ "danser"

-ɛ̀mɛ̀l "rêver").

2) Racines avec H(H)

-bús "dos"

-ɓúlúk "étoffe"

-óó "oreille

(et également les verbes :

-ɓɛ́t "grimper"

-tí "donner"

-hót "plier").

3) Racines avec BH

-nùgá "animal"

-ɓɔ̀ŋá "cerveau"

-ɔ̀bí "poisson"

-ǎn "enfant" (comme les syllabes fermées doivent avoir une voyelle brève, il y a ici un ton montant sur une syllabe. On pourrait dériver -ǎn de -àán ou de -àná).

4) Racines avec HB

-ɓíì "mariage"

-ɓéè "poitrine"

Les radicaux avec un schéma tonal HB ne peuvent pas être dissyllabiques ; les radicaux avec un schéma tonal H-Descendant sont toujours dissyllabiques. Ceci indique une distribution complémentaire dans le schéma tonal (cf. également ci-après).

5) Racines avec H-Descendant

-**túmbâ** "mouton"

-**kɛ́mbɛ̂** "chèvre"

-**kíŋɛ̂** "chef"

On notera l'absence remarquable de racines dissyllabiques avec un schéma tonal HB. Par contre un schéma tonal H-Descendant est tout à fait possible. Une comparaison avec le verbe montre clairement la chose : **kàt** + **V̀s** → [**kèdès**] "faire chasser", mais

kɛ́t + **V̀s** → [**kédês**] "faire cueillir".

Dès qu'une extension avec un ton bas est ajoutée, l'extension reçoit un ton descendant si la racine qui précède a un ton haut. En d'autres termes : la persistance tonale semble être une règle synchrone du basaa.

Dans les racines illustrant le schéma 5, nous avons à notre disposition quelque chose de tout à fait semblable; ces racines dissyllabiques peuvent être représentées comme suit :

-**túmbà** "mouton"

-**kɛ́mbɛ̀** "chèvre"

-**kíŋɛ̀** "chef".

Les racines illustrant les schémas 4 et 5 peuvent donc être considérées comme complémentaires du schéma tonal HB.

N.B. La règle de persistance tonale doit également être d'application pour les adjectifs (voir *infra*) et les numéraux par exemple. La seule exception semble être -**áâ** "trois", qui n'est pas dissyllabique et cependant sujet à la règle de la persistance en question.

Quelques exceptions (dans le schéma tonal) :

-**àlâk** "ongle"

-**jɛ̌mjɛ̀** "mouche" (ce mot semble être un ancien redoublement).

III. FLEXIONS

A. FORMES NOMINALES

Pour les classes nominales, on peut grossièrement faire une répartition en neuf genres appariés et six genres non-appariés (genre = paire de classes).

Le nombre de genres s'élève à treize dont sept classes singulier.

Toutes les classes nominales ont un préfixe à ton bas (à l'exception des classes 9/10 dont le préfixe n'est pas syllabique).

Il y a une règle syntaxique en basaa, selon laquelle les préfixes de classe apparaissent haut, en position objet ; exemple : mɛ̀-n-tɛ́hɛ́ hí-nùní "j'ai vu un oiseau" (cf. hì-nùní "oiseau").

La répartition qui suit est fondée sur des critères formulés dans la thèse de KADIMA (1969 : 82) :

Deux classes sont différentes,

a. si leur accord est différent;

b. en cas d'accord identique, si le préfixe nominal et l'appariement sont simultanément différents.

En me conformant à ces critères, je suis arrivé à déterminer les neuf genres suivants :

1/2 3/4 5/6 7/8 9/10 9/6 9/8 15/6.

On a en outre les classes suivantes non-appariées :

5, 6, 7, 8, 9, 15.

BOT BA NJOCK arrive à un total de quatorze classes appariées. Il propose un genre 5/8, faisant état d'un appariement récent où une forme dérivée de la classe 5 a un pluriel formé sur la base de la classe 8 (BOT BA NJOCK, 1970 : 126).

Mon informateur ne connaissait pas ce genre.

L'auteur de *Nexus et Nominaux en Basaa* propose également un genre 11/8, et remarque que c'est une combinaison qui n'apparaît que dans le dialecte occidental, la variante orientale lui ayant été empruntée. Il fait également mention d'une combinaison 11/6 et d'un genre 14/6. J'ai combiné ces deux couples en un seul genre 15/6 (voir ci-après).

Pour son genre 16/2, je renvoie au chapitre concernant les locatifs.

J'ai également combiné ses genres 19/12 et 21/13 en un seul genre 19/13, pour des raisons qui sont mentionnées dans la discussion concernant le genre en question.

Il remarque également (page 128) que les locuteurs ayant dépassé la quarantaine n'emploient pas les genres 5/8, 9/6, 9/8 et 11/8.

BOT BA NJOCK connaît le même nombre de classes non appariées, sauf que sa classe 14 est réinterprétée comme une classe 15.

La discussion ci-dessus peut se résumer dans le schéma suivant :

	BOT BA NJOCK	Analyse personnelle	Paires de classes (∿ genres)
cl.	1/2	1/2	I
	3/4	3/4	II
	5/6	5/6	III
	7/8	7/8	IV
	9/10	9/10	V
	11/6 }	15/6	VIII
	14/6 }		
	19/12 }	19/13	IX
	21/13 }		
	5/8	----	----
	9/6	9/6	VI
	9/8	9/8	VII
	11/8	----	----
	16/2	----	----
	5	5	X
	6	6	XI
	7	7	XII
	8	8	XIII
	9	9	XIV
	14	15	XV

1. Classes couplées

Genre I : cl. 1/2

Dans ce genre apparaissent des mots dotés d'une grande variété de préfixes.

En position prévocalique :

singulier/	pluriel	
m-àlêt	/ ɓ-	"domestique"
m-àngɛ́	/ ɓ-ɔ̀ngɛ́	"enfant"
m-ǎn	/ ɓ-ɔ̌n	"enfant" (aliénable)
m-ùt	/ ɓ-òt	"personne"
ŋw-àá	/ ɓ-	"épouse"
ŋw-ět	/ ɓ-	"propriétaire"
ø-ɔ̀mbɛ̀	/ ɓà-	"macabo"
ŋ̀-ànɛ̀	/ ɓà-	"chef" (cf. -ànɛ̀ "commander, donner des ordres).

En position préconsonantique :

singulier/	pluriel	
ǹ-lóm	/ ɓà-	"mari"
ǹ-jɛ̌mjɛ̀	/ ɓà-	"mouche"
ø-kàndá	/ ɓà-	"ceinture"
ø-pàgí	/ ɓà-	"gorille"
ø-ɓɔ̀ŋá	/ ɓà-	"cerveau"
ø-nyámbɛ̂	/ ɓà-	"dieu"
ø-tàtâ	/ ɓà-	"père"
m̀-ɓàgàl	/ ɓà-	"juge" (cf. -ɓàgàl "rendre la justice")
ŋ̀-kɔ̀bɔ̀l	/ ɓà-	"traducteur" (cf. -kɔ̀bɔ̀l "expliquer")
ŋ̀-gwèlèl	/ ɓà-	"employé" (cf. -gwɛ̀l "faire")
mù-dàá	/ ɓò-	"femme"
mù-ǹ-lóm	/ ɓò-lóm	"homme" (cf. ǹ-lóm "époux").

Il est frappant que dans la position devant consonne, pour les formes qui semblent être dérivées de verbes, la nasale (homorganique) de la classe 1 figure aussi bien devant les consonnes sourdes que devant les consonnes sonores, tandis que dans les noms non-dérivés de verbes, la nasale n'apparaît que devant les consonnes sonores (ɓ fonctionne comme une consonne sourde).

Pour séparer nettement l'une de l'autre la flexion et la dérivation, on peut faire une généralisation : dans les formes de flexion, le préfixe nominal disparaît devant consonne sourde (cette règle vaut d'ailleurs aussi pour les classes 9/10) de même que devant nasales.

Les formes dérivées ne sont pas soumises à cette règle.

Donc : /ǹ/ → ∅ /-Consonne {- sonore, + nasale}

La seule exception semble être ǹ-kèn / ɓà-, qui a un préfixe nasal au singulier, devant une consonne sourde, et ne semble cependant pas dérivé (ǹ-kèn "étranger").

En outre, en position préconsonantique, on rencontre également le préfixe mù- au singulier, et le préfixe pluriel ɓà-.

Ces formes, qui semblent être numériquement en voie de disparition paraissent être des composés archaïques.

Devant voyelle, ŋ̀- est le préfixe usuel au singulier pour les formes dérivées ; le pluriel est formé par ɓà-. Ces formes n'appartiennent pas au domaine de la flexion nominale.

Pour les autres formes, nous trouvons deux préfixes : ŋw- et m- (et une seule fois un préfixe zéro).

Le préfixe ŋw- peut être dérivé de mù- (un processus de vélarisation semblable se présente pour la cl. 4, voir *infra*).

/mù/ (cl. 1) → [ŋw] / -Voyelle

Donc : /mù-àá/ → [ŋwàá] (en forme sous-jacente, le préfixe est donc semblable au préfixe des formes de composés telles que mù-dàá).

Ailleurs, en position prévocalique, on a le préfixe m-.

Le pluriel est formé par un préfixe ɓ-.

Afin d'introduire davantage de généralisation, j'ai également proposé ici comme forme de base du préfixe nominal de cl. 2, ɓà-.

La voyelle ainsi que le ton du préfixe sont effacés.

Un emprunt tel que ∅-ɔ̀mbè / ɓà- "macabo(s)" fait partie d'une espèce de sous-système à l'intérieur de la langue : conformément aux règles de ce dialecte du basaa, le pluriel devrait être ɓ-ɔ̀mbɛ̀ (du reste, une racine à structure VCV est tout à fait inhabituelle pour un nom en basaa ; elle se rencontre exclusivement dans les emprunts).

Par la représentation des formes sous-jacentes avec des règles d'alternance (plausibles), qui donnent les formes de surface correctes, on peut atteindre à une plus grande généralisation : au lieu des neuf formes du préfixe au singulier, distinguées par BOT BA NJOCK (1970 : 83), dans notre interprétation, trois formes de base peuvent suffire (à savoir m- et mù- devant les voyelles, et ǹ- et mù- devant les consonnes). Une approche encore plus abstraite pourrait peut-être réduire davantage ce chiffre.

Au pluriel, deux formes de base suffisent pour obtenir celles de surface correctement (au lieu de quatre chez BOT BA NJOCK). Ce résultat est obtenu en appliquant une segmentation (au niveau du préfixe et de la racine) qui diffère également de celle de BOT BA NJOCK. Il faut d'autre part remarquer que les voyelles pour le singulier et le pluriel sont différentes (comme dans m-àngɛ́ / ɓ-ɔ̀ngɛ́).

Dans le dialecte de mon informateur, le mot pour "pères" n'est pas bɔ̀-tàtâ (forme donnée par BOT BA NJOCK), mais bà-tàtâ, si bien que, pour cette raison également, il n'est pas nécessaire de poser un troisième préfixe bɔ̀- à côté de bà- et bò-).

En résumé :

	BOT BA NJOCK	Analyse personnelle
	-Consonne	
*ailleurs, dans la dérivation	ø- / ŋ̀- / ǹ- / m̀- } / ɓà-	ǹ- / ɓà- (c-à-d. les formes non-dérivées)
	mà- / ɓɔ̀-	m- / ɓà- (c-à-d. mà-ngɛ́ / ɓɔ̀- segmenté différemment)
	mù- / ɓò-	mù- / ɓò-
	-Voyelle	
*ailleurs, dans la dérivation	ŋ̀- / ɓà-	---
	ŋw- / ɓ-	mù- / ɓà-
	ø- / ɓà-	-ɔ̀mbɛ̀ (voir explication ci-dessus)

<u>Genre II</u> : cl. 3/4 (ou plus précisément 3/4 + 3)

Un inventaire des préfixes qui apparaissent donne le résultat suivant :

<u>En position prévocalique</u> :

singulier/ pluriel
ŋ̀-ɔ́ / mì-ŋ̀- "tête"
ŋ̀-ɛ́m / mì-ŋ̀- "coeur"

Devant une voyelle, le préfixe de cl. 3 est toujours une nasale vélaire (quel que soit le timbre de la voyelle).

Il subsiste une tendance à faire de la nasale de la cl. 3 un son nasalisé identique à la voyelle suivante : ŋ̀-ɔ́ ∿ ɔ̃̀ɔ̃́ (où la voyelle suivante est donc également nasalisée).

Au pluriel, la nasale de la cl. 3, ŋ̀-, subsiste (en d'autres termes, la cl. 4 a un double préfixe et venant après un i-, ŋ̀- se transforme souvent en ỹ, c'est-à-dire en un 'offglide' palatal nasalisé tel que : mìỹɔ̃̀ɔ̃́).

En position préconsonantique :

singulier/ pluriel
ǹ-lɔ́ŋ / mì-ǹ- "rue, chemin"
ŋ̀-kùlɛ̀ŋ / mì-ŋ̀- "hache"
m̀-ɓɔ̀gá / mì-m̀- "fossé"

Les nasales, dans cette position, sont homorganiques : leur point d'articulation est déterminé par la consonne qu'elles précèdent :

ŋ̀ → ǹ- / -l, ts, s, c, y (ou ñ- / -y,c)
ŋ̀ → m̀- / -ɓ (il n'y a pas de b- dans cette position !)
ŋ̀ → ŋ-

Ici encore le préfixe du pluriel mì- est placé devant le préfixe du singulier. Ceci peut expliquer pourquoi la nasale de la cl. 3 n'est pas tombée devant consonne sourde ; on trouve en effet cette nasale après voyelle sonore.

En forme sous-jacente, le préfixe de la cl. 3 est donc ŋ̀-, aussi bien devant les voyelles que devant les consonnes. On obtient par une règle la forme de surface correspondante (voir *supra*).

A côté des formes citées ci-dessus, nous rencontrons quelques formes irrégulières qui paraissent être des résidus d'un système plus ancien, où la formation du pluriel ne se faisait pas grâce à un préfixe double, mais où le singulier était opposé au pluriel par une alternance mù- / mì-.

Exemples :

singulier/ pluriel
mìm / mìm "cadavre" (*-bìmbà, cl. 7/8)
ŋwɛ̌l / ŋwɛ̌l "queue" (*-kídà, cl. 3/4)
wɔ̌m / ŋwɔ̌m "jardin"

(les protoformes pour "cadavre" et "queue" proviennent de *Comparative Bantu* 3, C.S. 145 et 1053 respectivement) (GUTHRIE, 1970).

A l'exception des formes irrégulières citées ci-dessus, nous pouvons dériver tous les préfixes de ŋ̀- / mì-ŋ̀-.

BOT BA NJOCK	Analyse personnelle
-Consonne	
m̀- / mì-m̀- ŋ̀- / mì-ŋ̀- ǹ- / mì-ǹ-	ŋ̀- / mì-ŋ̀-
∅ irrégulier	
-Voyelle	
ŋ̀- / mì-	ŋ̀- / mì-ŋ̀-
ŋw- irrégulier	

Genre III : cl. 5/6

Dans la cl. 5/6 nous trouvons les mots habituels tels que cendre, ventre, poitrine, oeuf, nom, oeil, et d'autres mots semblables (en outre, des choses qui vont par paires et des parties du corps).

En position préconsonantique :

singulier/ pluriel
lì-wándá / mà-wándá "ami"
lì-tám / mà-tám "fruit"
lì-túbá / mà-túbá "trou"

En position prévocalique :

singulier/ pluriel
j-àlá / m-àlá "crabe"
j-ǐs / m-ǐs "oeil"
j-ǒp / m-ǒp "nombril"

Devant consonne, le préfixe est lì- au singulier (sans exception), et mà- au pluriel (c'est seulement dans des emprunts que le préfixe du singulier est ∅, comme dans ∅-dɔ́là / mà- "dollar").

BOT BA NJOCK donne (1970 : 92) comme préfixes apparaissant en position prévocalique : j- ou lì-. Comme exemple de la dernière forme, il cite lì-én / mà- "paume". Mon informateur donnait pour ce même terme : lì-hén / mà-, ce qui signifie que lì- est, tout au moins dans l'idiolecte de mon informateur, déterminé par sa position devant consonne.

Devant voyelle, le préfixe de la cl. 5 est palatalisé. Il s'ensuit que la voyelle du préfixe est perdue :

/lì/ (cl. 5) → [j] / -Voyelle

Donc : /lì-óp/ → [jǒp]

Au cours de ce procès, le ton du préfixe se trouve donc reporté sur la racine. Cette règle de persistance tonale doit précéder l'effacement de la voyelle.

Au pluriel, la voyelle est également effacée dans la forme de surface, mais ici aussi non sans avoir laissé derrière elle de "trace tonale". Toutes les formes ont en effet un ton montant aussi bien au singulier qu'au pluriel (à moins que la voyelle ne soit déjà affectée d'un ton bas). Par une règle qui fait passer le ton sur le radical et efface ensuite la voyelle, on atteint le résultat correct :

/mà/ (cl. 6) → [m] / -Voyelle (voir la règle concernant la persistance tonale)

Donc : /mà-ís/ → [mǐs]

Genre IV : cl. 7/8

Les mots qui apparaissent dans cette classe sont entre autres : lit, arbre, natte, sac (c'est la "classe des objets"). Nous trouvons également les termes suivants :

En position préconsonantique :

singulier/ pluriel
ø-nùgá / bì-nùgá "animal"
ø-ɓɔ̀t / bì-ɓɔ̀t "sac"
ø-hès / bì-hès "filet"
ø-lèè / bì-lèè "plume"

En position prévocalique :

singulier/ pluriel
y-àlâk / gw-àlâk "ongle"
y-òó / gw-òó "igname"
ø-éŋá / bì-éŋá "fer"
ø-ɛ́ɛ́ / bì-ɛ́ɛ́ "arbre"

On ne trouve de traces de l'ancien préfixe de la cl. 7 kì- que devant les voyelles qui ont la marque (+ arrière) (parmi lesquelles -a- fonctionne également comme telle). Au contact de voyelles antérieures et de consonnes, le préfixe est ø , du moins dans les formes de surface.

Il y a en basaa une règle syntactique par laquelle les préfixes de classe deviennent hauts en position objet, ainsi dans :

mɛ̀-n-tɛ́hɛ́ hí-nùní "j'ai vu un oiseau"
mɛ̀-n-tɛ́hɛ́ lí-àlá [jálá] "j'ai vu un crabe"

Un mot tel que ø-nùgá devient núgá en position objet, c'est-à-dire qu'il se comporte comme un terme avec préfixe (qui change, tel que li → [j]). Si l'on admet que nùgá est en forme sous-jacente ì-nùgá, le 'downstep' peut s'expliquer de façon plausible : en position objet ì-nùgá → [núgá], avec í-nùgá comme phase intermédiaire, dans laquelle le ton du préfixe passe sur la racine et où ensuite le préfixe est effacé. Par une simplification de contour nú̀gá devient [núgá].

On peut également poser, pour toutes les formes qui présentent une voyelle antérieure, un ì- sous-jacent. Comme ì- est une voyelle antérieure, il peut facilement s'assimiler à d'éventuelles voyelles antérieures qui le suivent et ensuite disparaître.

Donc : ì-ɛ́ɛ́ [ɛ́ɛ́] (on n'y trouve pas d'assimilation tonale)

Devant une voyelle postérieure, ì- passe à la semi-voyelle y.

/i/ (cl. 7) → [y]/ -Voyelle
+ arrière (le ton du préfixe persiste)
→ ∅ (ailleurs)

Dans les formes du pluriel, le préfixe est, en position préconsonantique, bì-.

Devant voyelle postérieure, bì- est vélarisé :

/bì/ (cl. 8) → [gw] / -Voyelle
+ arrière

Devant les voyelles antérieures, bì- reste inchangé, bien que la règle semble se généraliser à la vélarisation dans tous les environnements !

L'informateur hésitait entre bì-ɛ̌t et gw-ɛ̌t "guerres", mais donnait finalement la préférence à la première forme. De même pour bì-ɛ́ɛ́ "arbres". BOT BA NJOCK (1970 : 97-98) remarque aussi qu'il y a chez ses informateurs une certaine hésitation en ce qui concerne la forme du préfixe de la cl. 8.

BOT BA NJOCK	Analyse personnelle
-Consonne	
∅ / bì-	ì- / bì-
-Voyelle	
∅ / y- / {bì-, by-, gw-}	ì- / bì-

Genre V : cl. 9/10

Comme d'habitude on trouve dans ce genre des animaux, entre autres : singe, abeille, chèvre, poulet, chien, éléphant.

Devant une voyelle, les préfixes sont palatalisés, la nasale précédant une consonne sonore est homorganique de celle-ci, devant consonne sourde elle est représentée par ∅.

En position préconsonantique :

singulier/ pluriel
m-bús / *id.* "dos"
ŋ-gwɔ́ / *id.* "chien"
n-jɔ̀k / *id.* "éléphant"
∅-kún / *id.* "arbre"
∅-hàngáá / *id.* "soleil" (pour autant que le pluriel soit possible)

En position prévocalique :

singulier/ pluriel
ny-ɔ̀ý / *id.* "abeille"
ny-àgà / *id.* "vache"
ny-ɛ̀mb / *id.* "mort" (pour autant que le pluriel soit possible)

(On pourrait, dans une autre analyse, segmenter nyòý comme n-yòý, mais de ce fait il n'y aurait plus de radicaux à initiale vocalique). Le seul cas où le préfixe de classe 9/10 devant voyelle n'est pas palatalisé, est devant i (comme première voyelle de la racine), comme dans n-ìŋ "la vie".

Afin de pouvoir faire quelques généralisations, on peut prendre /ny/ ([ñ]) pour forme de base, comme ci-après :

/ny/ → { [m-] / -b
[n-] / -d, j
[ŋ-] / -g, gw }
→ ø / (c'est-à-dire -p, s, t, k, h)

BOT BA NJOCK (1970 : 99-107) propose une autre analyse. Il interprète les classes nominales comme des consonnes prénasalisées, donc :

nj-ɔ̀k (au lieu de n-jɔ̀k) "éléphant"
ŋgw-ɔ́ (au lieu de ŋ-gwɔ́) "chien"

A mon avis cette interprétation offre peu de possibilités explicatives. Elle ne permet pas de prédire pourquoi ŋgw-, nj- apparaissent devant ɔ et a, mais par exemple pas devant i. Les consonnes prénasalisées ne sont pas en distribution complémentaire. De plus, dans cette approche n'apparaissent que des racines à initiale vocalique (tous les préfixes sont donc des complexes à nasales). C'est pourquoi BOT BA NJOCK (1970 : 111) désigne à tort m-, n-, ŋ-, ø comme des préfixes nominaux en position préconsonantique ; cet entourage n'existe plus dans cette interprétation (il segmente un mot tel que ŋgwɔ́ par exemple, comme ŋ-gwɔ́, mais également comme ŋgw-ɔ́, et utilise un mot de cette sorte pour illustrer deux entourages, à savoir devant consonne et devant voyelle).

On peut parfaitement prédire pourquoi la nasale ŋ- se trouve devant une consonne vélaire, ou n- devant un d. On peut également expliquer de façon plausible pourquoi il n'y a pas de préfixes comme ŋk- ou nt-. Devant les consonnes sourdes, la nasale tombe (règle qui n'est pas inhabituelle en bantou).

Les nombreuses formes sont donc toutes à ramener à /ny/.

BOT BA NJOCK	Analyse personnelle
-Consonne	
mb- nd- nj- ny- ŋg- ŋgw- } / *id.*	ny- / ny-

BOT BA NJOCK	Analyse personnelle
m- n- ŋ- ø } / *id.*	ny- / ny-

Genre VI : cl. 9/6 (ou plus précisément 9/6 + 9)

Parmi les mots qui ont un préfixe de classe 10, nombreux sont ceux qui peuvent aussi avoir le préfixe **mà-** au pluriel (un préfixe double, car le préfixe de la cl. 9 subsiste).

Souvent le choix est libre :

singulier/ pluriel
m-bɔ́t / (mà-)m-bɔ́t "vêtement"

Le préfixe double peut être l'indication d'une innovation. Il est clair qu'il existe une tendance pour un grand nombre de mots affectés des préfixes 9/10 à passer dans un genre 9/6 + 9 (ou dans un genre 9/8 + 9, mais il n'y a jamais un choix entre 9/10, 9/6 + 9, 9/6 + 8 en même temps). La formation du pluriel à l'aide des classes 6 ou 8 me paraît avoir pour objectif d'établir une distinction plus claire entre le singulier et le pluriel. Le nombre de mots pour lesquels cette possibilité de choix existe est (encore) fort mince. BOT BA NJOCK (1970 : 128) remarque également que le genre 9/8 + 9 et le genre 9/6 + 9 sont des innovations récentes, issues d'un genre 9/10. Il pense que la raison s'en trouve chez des locuteurs qui dominent insuffisamment le basaa et en conséquence ne peuvent faire la distinction entre les classes 9 et 10.

Par ailleurs, il existe des mots qui forment toujours leur pluriel sur la base de la cl. 6, comme **ŋ-gáá / mà-ŋ-** "fusil" (de l'anglais 'gun' ?).

Genre VII : cl. 9/8 (ou plus précisément 9/8 + 9)

Ici la situation est comparable avec celle du genre 9/6 : un groupe laisse ouverte une possibilité de choix entre **bì- n̶-** et un pluriel sur la base de la cl. 10 **n̶-** ; un autre groupe fait simplement et seulement le pluriel sur la base de la cl. 8.

Exemples :

singulier/ pluriel
ny-àgà / bì-ny- "vache"
ny-kíŋὲ /(bì-)ny-kíŋὲ "chef" ([kíŋɛ̂ / bì-])
ny-kúl / bì-ny-kúl "tortue" ([kúl / bì-])

On peut constater ici le même phénomène : beaucoup de mots qui formaient traditionnellement leur pluriel avec un préfixe de cl. 10, le font maintenant en plaçant un préfixe **bì-** de cl. 8 devant le préfixe de la cl. 9 (la nasale est sujette aux mêmes changements que ceux qu'elle subit dans le genre 9/10 : elle devient homorganique devant les consonnes sonores et disparaît devant les consonnes sourdes).

Il y a des indications suivant lesquelles une forme de pluriel sur la base de la cl. 6, ou encore sur la base de la cl. 8 est conditionnée par les consonnes initiales du radical. Ainsi des formes se ressemblant, avec une nasale homorganique en surface devant consonne sonore, n'ont pas la possibilité de former leur pluriel avec le préfixe de la cl. 8, bì-.

Genre VIII : cl. 15/6

Dans ce genre se trouvent des mots qui au singulier, en ce qui concerne l'accord, ne diffèrent pas des nominaux de la cl. 3. C'est seulement par le préfixe nominal et l'appariement qu'ils se distinguent. Les nominaux de la cl. 3 forment leur pluriel en cl. 4. Pour les formes régulières de la cl. 3, le préfixe nominal sous-jacent est une nasale vélaire. Les formes irrégulières de la cl. 3 forment également leur pluriel en cl. 4. Les mots de la cl. 15 forment leur pluriel en cl. 6, tandis que le préfixe nominal ø figure devant les consonnes, et w- devant les voyelles ouvertes.

On peut trouver quelques traces d'un ancien préfixe kò-, de la cl. 15, dans un mot tel que w-ɔ̀ɔ́ / m- "bras" (<*kù-bókò / ma-) (MEEUSSEN, 1967 : 102) (BOT BA NJOCK appelle cette classe, 14).

Ici c'est une règle historique qui a joué, par laquelle *k > ø / -Voyelle (cf. aussi *kì- > ì-).

Autres exemples :

singulier/ pluriel

ø-kòò / mà- "jambe" (*kù-gùdù mà- C.S. 884)

ø-sú / mà- "visage" (*-ùcú C.S. 2148)

ø-lép / mà- "rivière" (*-dįbá C.S. 603)

ø-óó / mà- "oreille" (*-túį̀ C.S. 1813)

Il est évident que *kò- a également complètement disparu devant les voyelles postérieures hautes et (pour des raisons qui ne m'apparaissent pas claires), mà-óó n'est pas devenu m-òó ni m-óó.

Dans le genre 15/6, j'ai rangé les mots que BOT BA NJOCK a rangés dans les classes 11/6 et 14/6.

Il a trouvé un préfixe ø aussi bien devant les voyelles que devant les consonnes pour la cl. 11 et, pour la cl. 14, un w- comme préfixe devant voyelle, ø devant consonne.

BOT BA NJOCK n'a pas de genre 15/6. Il remarque bien (1970 : 113) que sa subdivision entre les cl. 11 et 14 se fonde sur une comparaison entre des langues étroitement apparentées qui ont maintenu cette distinction, et que la distinction n'est pas le résultat d'une analyse synchronique.

La distinction que j'ai faite entre les cl. 3 et 15 est fondée sur les critères de KADIMA, cité ci-dessus. Elles sont identiques en ce qui concerne l'accord. Cependant, il y a une distinction simultanée entre le préfixe nominal et l'appariement. L'identification avec la cl. 15 est basée sur :

1. le contenu spécifique de ce genre : jambe, bras, oreille ;
2. l'invraisemblance d'un appariement 11/6 dans les langues environnantes ;
3. le développement phonétique possible de *ko- >ù, parallèlement avec *ki > i en cl. 7.

Le préfixe nominal est donc ø devant consonnes. Par une règle, ù- devient w/-ɔ (w-ɔ̀ɔ́) et ailleurs ø.

<u>Genre IX</u> : cl. 19/13

Beaucoup de mots qui font partie du vocabulaire de base se trouvent dans le genre 19/13 ; ceci peut s'expliquer partiellement par le fait que beaucoup de mots qu'on trouve ici relèvent à bon droit d'autres classes (par exemple des cl. 5/6 ; ainsi h-àý / c- "feuille" <*-káyi, 5/6 (C.S. 1021, GUTHRIE, 1970).

Les termes qui apparaissent dans ce genre sont entre autres : montagne, feuille, poil, couteau, pipe, pot, piège.

<u>En position préconsonantique</u> :

singulier/ pluriel
hì-nùní / dì- "oiseau"
hì-kòá / dì- "montagne"
hì-kódá / dì- "pipe"

<u>En position prévocalique</u> :

h-ɔ̀bí / c- "poisson"
h-ɔ̀ŋ / c- "poil"
h-àý / c- "feuille"

Ce genre 19/13 correspond aux genres 19/12 et 21/13 chez BOT BA NJOCK. La raison pour laquelle j'ai rassemblé 19 et 21, et 13 et 12 respectivement dans les cl. 19 et 13 est que je n'ai trouvé aucune distinction dans l'idiolecte de mon informateur entre 19 et 21, ou entre 12 et 13. Dans le dialecte que décrit BOT BA NJOCK, la distinction reste bien évidente : à la cl. 19, le préfixe est toujours hì, aussi bien devant voyelle que devant consonne, tandis que le préfixe de la cl. 21 (qui apparaît seulement devant une voyelle) est **hy-**. Dans le dialecte que je décris on ne trouve pas cette distinction. On trouve [**h**] devant une voyelle et [**hì**] devant une consonne. Souvent, surtout en parler rapide, **hì** se réduit à [ʔ], donc : **hì-nùní** devient ʔ**nùní**. Il est donc possible que **hì-** disparaisse dans fort peu de temps.

Comme préfixe de la cl. 19, on peut poser **hì-** ; en position prévocalique, **hì-** se réduit à [**h**]. Le ton du préfixe aussi bien que sa voyelle sont effacés.

2. Classes non-couplées

A côté des classes appariées ou couplées (genres) apparaissent des classes non-couplées. Des mots pour des matières non-comptables (liquides, comme eau, sang), sel, ciel et des mots semblables, de même que des abstraits se trouvent dans ces classes.

Il est cependant difficile d'imaginer un trait sémantique ayant permis de grouper les divers termes qui figurent ensemble dans une même classe (à l'exception de la cl. 6 pour les liquides).

Le seul mot que j'ai rencontré dans la cl. 4 était un emprunt à l'anglais tout à fait évident pour "argent" : **m-ɔ̀ní** (ou **ø-mɔ̀ní**). Que ce mot soit chez lui dans la cl. 4 résulte de l'accord : **mì-** devant consonnes et **ŋw-** devant voyelles.

Classe 5

Dans cette classe se trouvent un certain nombre d'abstraits, tels que : gloire, malheur et autres mots semblables.

En position préconsonantique :

lì-pém "gloire, honneur"
lì-ɓâk "état, condition, caractère"
lì-ɓɛ́ "malheur"

Devant voyelle, le préfixe est palatalisé, de même que le préfixe de la cl. 5 dans le genre 5/6 :

j-ùú "nuit"

En rapport avec ce qui précède, BOT BA NJOCK définit un genre 5/8 (1970 : 126) dans lequel 8 est un pluriel récent de la forme dérivée 5. Mon informateur ne connaissait pas cette possibilité.

Classe 6

Sémantiquement les mots appartenant à cette classe semblent se définir de façon tout à fait claire : ce sont presque tous des noms de liquides.

En position préconsonantique :

mà-táy "salive"

mà-lép "eau"

En position prévocalique :

m-òó "huile"

m-ɔ̀ɔ́ŋ "construction"

Ici également afin de pouvoir généraliser davantage, on devrait poser un mà- sous-jacent comme préfixe. Par une règle, mà- devient [m] /-Voyelle.

Classe 7

Dans cette classe, les mots se comportent exactement comme ceux de la cl. 7 dans le genre 7/8, c'est-à-dire que le préfixe passe à une semi-voyelle devant voyelle postérieure, et ailleurs disparaît.

En position préconsonantique :

nùgá "viande" (sous-jacent : ì-nùgá)

En position prévocalique :

y-àngá "punition" (sous-jacent : ì-àngá) (d'ailleurs ce mot ne semble pas apparenté à l'ancien radical pour "animal" ou "viande" ; il y a un mot ∅-lém / bì- qui signifie "animal domestique" et qui semble bien être un réflexe de *-nyama).

Classe 8

Le processus de vélarisation, en voie de réalisation dans la cl. 8 pour les classes appariées, est déjà complètement arrivé à son terme : tous les préfixes devant voyelle sont devenus gw- en structure superficielle, pour toutes les formes non couplées.

En position préconsonantique :

bì-hús "écume"

bì-jɛ́k "nourriture"

En position prévocalique :

gw-ɛ̀ɛ́ "médecine" (sous-jacent bì-ɛ̀ɛ́)

gw-ét "guerre" (sous-jacent bì-ét)

Classe 9

Les nominaux dans cette classe non-couplée se comportent comme les mots dans les classes couplées 9/10. Ils sont sujets aux mêmes règles d'alternance.

Exemples :

ny-àngà "apparition"

ny-ɛ̀m "mort"

On peut également poser ici un ny- sous-jacent. Ce préfixe est homorganique de la consonne sonore suivante et disparaît devant consonne sourde.

Classe 15

Dans ce genre je n'ai pu trouver que des formes dérivées, ou des mots ambivalents tels que ø-ɓɛ́ "laid(eur)" ; on ne peut savoir quelle est la forme dérivée, l'adjectif -ɓɛ́ ou le nom -ɓɛ́ ci-dessus. Pour l'accord, il n'y a pas de différence avec la cl. 3.

Exemples :

w-ɔ̀ŋí "peur" (sous-jacent ù-ɔ̀ŋí)

ø-ɓɛ́ "laideur" (sous-jacent ù-ɓɛ́)

(pour la règle, voir le genre 15/6 *supra*).

En raison de la forme du préfixe nominal, les formes ci-dessus sont identifiées comme cl. 15.

Préfixes nominaux. Résumé

	Analyse de BOT BA NJOCK		Analyse personnelle	
	-C	-V	-C	-V
cl. 1	m̀- mà- mù- ǹ- ŋ̀- ø-	ø- } ŋ̀- } [ŋ]- ŋw- }	ǹ- m- mù-	m- mù-
cl. 2	bà- bɔ̀- bò-	bà- b-	ɓò- ɓà-	ɓà-
cl. 3	m̀- ǹ- ŋ̀- ø-	ŋ̀- [ŋ]- ŋw-	ŋ̀-	ŋ̀-
cl. 4	mì-m̀- mì-ǹ- mì-ŋ̀-	mì-ŋ- ŋw-	mì-ŋ̀-	mì-ŋ̀-

	Analyse de BOT BA NJOCK		Analyse personnelle	
	-C	-V	-C	-V
cl. 5	lì-	j- lì-	lì-	lì-
cl. 6	mà-	m- mà-	mà-	mà-
cl. 7	ø-	ø- y-	ì-	ì-
cl. 8	bì-	bì- by- (gw-, b-)	bì-	bì-
cl. 9	ø- m- n- ŋ-	gw- mb- nd- nj- ny- ŋg- ŋgw-	ny-	ny-
cl. 10	ø- m- n- ŋ-	mb- nd- nj- ny- ŋg- ŋgw-	ny-	ny-
cl. 11	ø-	ø-	(rangé dans cl. 15)	
cl. 12	dì-	dì-	} dì- (cl. 13)	dì- (cl. 13)
cl. 13		c-		
cl. 14	ø-	w-	(rangé dans cl. 15)	
cl. 15	(absent)			ù-
cl. 16	Nominal indép.	h-	(voir locatifs)	
cl. 18	Nominal indép.		(voir locatifs)	
cl. 19	hì-	hì-	} hì- (cl. 19)	hì- (cl. 19)
cl. 21		hy-		

B. DIMINUTIFS ET AUGMENTATIFS

En basaa, les diminutifs sont formés la plupart du temps avec le mot "enfant(s)" m-ǎn / b-ɔ̌n, placé dans une sorte de construction connective avec le nom qui le suit.

Exemples : sg. m-ǎn nùní "petit oiseau"
pl. ɓ-ɔ̀n bá nùní "petits oiseaux"
sg. m-ǎn ŋ-gwɔ́ "petit chien"
pl. ɓ-ɔ̀n bá ŋ-gwɔ́ "petits chiens"

Entre les deux nominaux s'insère un préfixe connectif (voir aussi le chapitre sur les connectifs). Le préfixe de la cl. 1, ù, est effacé. La construction sous-jacente apparaît donc comme suit :

sg. m-ǎn ù nùní (effacement du préfixe connectif qui ne provoque pas d'assimilation parce que le mot suivant a un ton bas)

pl. ɓ-ɔ̌n bá nùní (simplification tonale : ɓ-ɔ̌n → ɓ-ɔ̀n / ton H.
(donc règle générale de simplification tonale).

Une autre possibilité pour la formation des diminutifs est le redoublement et la préfixation de hì- (cl. 19) sg. et dì- (cl. 13) pl.

Exemples :
hɔ́p "mot, différend"
sg. hì-hɔ́-hɔ́p "une petite affaire"
pl. dì-hɔ́-hɔ́p "petites affaires"
m-ùt / b-òt "être(s) humain(s), personne(s)"
sg. hì-mù-mút-á "petit homme"
pl. dì-bò-bót-á "petits hommes"

Le redoublement du diminutif est facultatif, si l'on suffixe -a; si l'on n'ajoute pas -a, il est obligatoire.

N.B. En ce qui concerne le ton, la forme sous-jacente de -a est basse. Elle devient haute si le nom qui précède est bas, et descendante si le nom qui précède est haut. Donc : m-ùt - à- devient á- (alors que m-ùt devient m-út ; hɔ́p a un ton haut, - à- passe à â-, soit : hì-hɔ́-hɔ́p-â. Les formes redoublées comme mù- et hɔ́- portent toujours le ton du radical original (m-ùt hɔ́p respectivement).

Etant limité par le temps, je n'ai pas été à même de traiter au complet le phénomène de l'augmentatif. On trouvera ci-dessous les données que j'ai pu rassembler.

Exemples :
sg. sɔ́sɔ̀ j-ǒl "un grand nez"
pl. bà-sɔ́sɔ̀ ɓá m-ǒl "de grands nez"
sg. sɔ́sɔ̀ kɛ́mbɛ̂ "une grande chèvre"
pl. bà-sɔ́sɔ́ bá-kɛ́mbɛ̂ "de grandes chèvres"

Ces formes sont donc faites au moyen d'un adjectif (qui a la structure d'un nom, voir le chapitre concernant les adjectifs). En structure sous-jacente, on peut donc analyser ces formes comme suit :

sg. sɔ́-̀sɔ́ ù lì-ól (le 'bas' flottant provoque un downstep. Le préfixe connectif est effacé et lì- devient j-)

pl. bà-sɔ́-̀sɔ́ ɓá mà-ól (des règles semblables doivent pouvoir donner la forme de surface correcte)

Une autre possibilité qui reflète davantage les principes du proto-bantou (cf. MEEUSSEN, 1967 : 103), se trouve dans un mot tel que mà-lògâ "mensonge". Je n'ai malheureusement pas eu l'occasion de poursuivre davantage mes recherches.

C. LOCATIFS

Claire GREGOIRE remarquait déjà dans son étude comparative des locatifs en Bantou, que "on peut relever de nombreuses formes qui appartiennent aux classes 16, 17 et 18, même si ces dernières n'existent pas en tant que classes à proprement parler...", dans les langues de la zone A.

En ɓasaa, j'ai seulement rencontré un mot qui, il est vrai, fonctionne comme un nominal de la classe 1/2, mais qui originellement était vraisemblablement un mot de la classe 16, à savoir hɔ̀má / ɓà-hɔ̀má "endroit(s)". le h- est le résultat d'un glissement phonétique de *p > h / -V (de même aussi que dans *pì (cl. 19) > hì, h-; *a + *u > ɔ) (voir aussi GUTHRIE, 1967 : 31). Donc : <*pà-júmà.

(une autre possibilité serait que pà-(j)úmà soit interprété comme un pluriel et que le singulier soit une forme dérivée. Il n'y a pas d'indications qu'un glissement phonétique de ce genre ait pu se produire, de *p > ɓ, donc il n'y a pas de *pà-júmà > ɓà-hɔ̀má).

Comme nous supposons que l'accord verbal de la classe 16 était aussi originellement pa-, et que par un glissement phonétique *pà- est passé à ha-, il y a eu une époque où la distinction entre l'accord verbal de la classe 16 et la classe 1 a été minimal, à savoir hà- et a-. Ceci peut avoir provoqué la mutation de la classe 16 en classe 1. L'accord verbal à- pour le mot hɔ̀má peut en conséquence être un résidu d'un ancien accord locatif.

Il n'y a pas de traces d'autres locatifs. Dans la classe 18, il n'apparaît pas de nominal agissant indépendamment (pas plus que dans la cl. 17).

En dehors de hɔ̀má "place", les locatifs fonctionnent comme des adverbes (ou des démonstratifs locatifs), ainsi dans :

hâ à-néhí "ici c'est ouvert"

Ici également nous trouvons comme pour les démonstratifs (voir ci-dessous) trois séries :

cl. 16 hâ (proximité)
há-n-á (non-proximité)
há-á (référentiel)
há-í

cl. 18 mû (proximité)
mú-n-ú (non-proximité)
mú-ú (référentiel)
mú-í

Nous trouvons également des locatifs dans des expressions telles que :

à-yè há-m-bús "il est là (derrière)" (m-bús "dos)
à-yè mú-í "il est là (dans l'eau)"
né nú há-í "vois-le là"

Les déterminations de lieu pour les nominaux sont exprimées par des mots tels que :

í-ngìí téblê "sur la table"
í-kὲdέ n-dáp "dans la maison"
í-sí bì-έ "sous les arbres"

D. ADJECTIFS (1)

Pour les adjectifs, on peut faire la distinction suivante :
a. ceux qui se comportent comme un nom ;
b. ceux qui se comportent comme des adjectifs au sens plus traditionnel.

---

(1) NDT. Les exemples donnés ci-dessous prouvent très clairement qu'il n'y a pas d'adjectifs en basa, mais seulement dans la traduction néerlandaise (ou française) des exemples.
L'optique générative n'accorde qu'une attention mitigée au problème des catégories grammaticales qui constituent pourtant, à mon sens, le pivot de toute description syntaxique sérieuse.

ad.a. Ces mots se comportent formellement comme un nominal (N1) avec un complément (N2). Le nominal N1 précède le nominal déterminé comme dans le connectif.

Exemples : ń-dὲk í ɓ-ɔ̀ngέ í-ní "ces petits enfants" ;

Les mêmes règles que pour le connectif valent également ici : le préfixe connectif est effacé après avoir rendu haute la syllabe suivante ; donc :

ń-dὲk ɓ-ɔ́ngέ í-ní

mais au singulier, où le préfixe connectif est bas, ceci ne provoque pas d'assimilation :

ń-dὲk ì-m-àngέ ì-ní "ce petit enfant"

devient :

ń-dὲk m-àngέ ì-ní

(Le ton haut sur ń- provient d'un morphème í- qui précède et qui est employé devant le démonstratif (voir ci-dessous), mais l'assimile à la sonore suivante. Donc à proprement parler :

í-n-dὲk í ɓà-ɔ̀ngέ í-ní (sous-jacent).

Les règles pour l'assimilation, l'effacement (entre autres de à- en ɓà-) etc., doivent donner la forme correcte de surface).

Ainsi qu'il apparaît dans les exemples ci-dessus, l'accord, par exemple dans le démonstratif, joue également avec l'adjectif. Dans ce cas l'adjectif est un nom des classes 9/10.

Autres exemples :

cl. 1/2 ∅-sɔ́-̀sɔ́ / ɓà- "grand" (sous-jacent ǹ-sɔ́-̀sɔ́ / ɓà-)
ǹ-làm / ɓà- "beau"
∅-kέŋí / ɓà- "grand" (sous-jacent ǹ-kὲŋì / ɓà-)

cl. 3/4 ǹ-làngá / mì-ǹ- "noir" (sous-jacent ŋ̀-làngá / mì-ŋ̀- ; cf. les nominaux de la cl. 3/4)
ŋ̀-kwálá / mì-ŋ̀- "ironique" (sous-jacent de même)
ŋ̀-kút / mì-ŋ̀- "maigre" (forme sous-jacente semblable)

cl. 5/6 lì-kút / mà- "naïf"

cl. 7/8 ∅-bébá / bì- "mauvais" (sous-jacent ì-bébá / bì-)
∅-lígá / bì- "chaud" (sous-jacent ì-lígá / bì-)
∅-jóŋ / bì- "vieux" (sous-jacent ì-jóŋ / bì-)
∅-póbá / bì- "luisant, blanc" (sous-jacent ì-póbá / bì-)
∅-lòlá / bì- "aigre" (sous-jacent ì-lòlá / bì-)

cl. 19/13 hì-pɔ̀kɔ̀dɔ̀-pɔ́kɔ́dɔ́ / dì- "étroit, petit" (phonétiquement [hì-pɔ̀ɣrɔ̀pɔ́ɣrɔ́])

Les formes ci-dessus doivent être bien distinguées des formes dérivées. Ex. : ǹ-làm / ɓà- "beau", mais lám-â "beauté".

Le dernier mot est formé sur la base d'un procédé dérivationnel productif. Les mots qui sont donnés ci-dessus étaient peut-être dérivés à l'origine, mais ils sont maintenant complètement lexicalisés.

ad.b. Je n'ai pu trouver que quelques exemples de ces mots (se comportant comme de véritables adjectifs). Visiblement les formes citées sous a. sont numériquement plus importantes et en conséquence, elles sont plus fréquemment employées.

Exemple : ŋ-gwɔ́ mɔ̀ndɔ́ "un nouveau chien"
ŋ-gwɔ́ mɔ́ndɔ́ "de nouveaux chiens"

L'adjectif est précédé par le connectif qui s'accorde avec le nominal qui précède. Le connectif est la plupart du temps effacé (quant à la forme du préfixe pronominal pour les différentes classes, voir *infra*). Ces formes se présentent en structure sous-jacente comme suit :

ny-gwɔ́ ì mɔ̀ndɔ́
ny-gwɔ́ í mɔ̀ndɔ́ (avec effacement et règles d'assimilation pour les préfixes et les tons on obtient la forme de surface correcte).

E. MOTS DEPENDANTS AVEC ACCORD MIXTE, NOMINAL OU PRONOMINAL

-hɔ́gí "autre, quelque"
-pɛ́ "également, autre"

Ce sont quelques mots qui reçoivent un préfixe nominal, tous avec le ton bas.

C'est à tort que BOT BA NJOCK (1970 : 111) appelle également ces préfixes des préfixes pronominaux (dans sa terminologie, préfixes référents). Voir également le tableau des préfixes pronominaux ci-dessous.

Les préfixes sont des nasales homorganiques à la classe 1 (comme dans m-ùt m̀-pɛ́ "un autre homme"), aux classes 3 et 15 (ǹ-yàngà ǹ-hɔ́gí "l'autre pont"). Dans les classes 9 et 10 le préfixe est respectivement ì- et í-, donc identique au préfixe pronominal.

Il n'y a pas de préfixe double à la classe 4 (donc pas de 4 + 3), pas plus que dans la classe 6 (donc pas de 6 + 9).

<u>Tableau</u> : (formes sous-jacentes)

cl. 1. ǹ- (ou m̀-)	cl. 8. bì-
cl. 2. ɓà-	cl. 9. ì-
cl. 3. ŋ̀-	cl. 10. í-
cl. 4. mì-	cl. 13. dì-

cl. 5. lì- cl. 19. hì-

cl. 6. mà- cl. 15. ŋ̀-

cl. 7. ì-

N.B. A la cl. 15, ŋ̀-, qui est identique au préfixe nominal de la classe 3, pose un problème. Dans mon analyse, les préfixes nominaux de classe 3 et 15 sont ù, forme sous-jacente ŋ̀-. Ici, ils semblent cependant être identiques. Jusqu'ici je n'en ai pas d'explication.

F. FORMES PRONOMINALES ET NUMERALES. PREFIXES PRONOMINAUX. RESUME

	Analyse de BOT BA NJOCK		Analyse personnelle	
	-C	-V	-C	-V
cl. 1	m- nú-(nú-) ǹ- ŋ̀- ø-(nyɛ́)	w- (nú-) (nyɛ́-) (ø-)	(nú-) ú-	
cl. 2	ɓá-(bɔ́-)	ɓ-(bɔ́-)	ɓá-	
cl. 3	m̀-, ǹ-, ŋ̀-, ù- } (wɔ́-)	w-(ú-, ø-, wɔ́-)	ú-	
cl. 4	mìm-, mìn-, mìŋ- } (ŋwɔ́-)	mí-, ŋw- } (ŋwɔ́-)	mí-	
cl. 5	lí-(jɔ́-)	j- lí-(jɔ́-)	lí-	
cl. 6	má-(mɔ́-)	má-, m- } (mɔ́-)	má-	
cl. 7	í-(yɔ́-)	í-, y- } (yɔ́-)	í-	
cl. 8	bi-(gwɔ́-)	bi-, gw- } (gwɔ́-)	bi-	

	Analyse de BOT BA NJOCK		Analyse personnelle	
	-C	-V	-C	-V
cl. 9	ø- / ì- (yɔ́-)	ø- / ì- / y- (yɔ́-)	ì-	
cl. 10	ø- / í- (yɔ́-)	ø- / í- / y- (yɔ́-)	í-	
cl. 11	m- / n- / ŋ- / ú- (wɔ́-)	w- / ú- / ø- (wɔ́-)	(voir cl. 15)	
cl. 12	dí- / tú- (cɔ́-) / c-	dí- / tú- (cɔ́-)	(voir cl. 13)	
cl. 13	dí- / tú- (cɔ́-)	dí- / tú- (cɔ́-) / c-	dí-	
cl. 14 / cl. 15	ú- / m- / n- / ŋ- (wɔ́-)	w (ú-) (ø-) (wɔ́-)	cl. 15 ú- (identique à la cl. 3)	
cl. 16	Nominal dépendant accord cl. 1		(voir cl. 1)	
cl. 18	Nominal dépendant accord cl. 1		(voir cl. 1)	
cl. 19	hí-(hyɔ́-)	hí- / hy- (hyɔ́-)	hí- (cl. 19)	
cl. 21	hí-(hyɔ́-)	hí- / hy- (hyɔ́-)		

1. Connectif

a. nominal

Structure : Nom régissant, préfixe pronominal, nominal régi

Exemples :

cl. 1. m-ùt ù bì-nùgá "l'homme des animaux"
m-ùt ù n-dáp "l'homme de la maison"
2. b-òt ɓá bì-nùgá "les hommes des animaux" (devient : [bòt ɓá bínùgá])
3. ǹ-yàngà ú bì-nùgá "le pont..." [ǹyàngà bíꜜnùgá]
4. mì-ǹ-yàngà mí bì-nùgá "ponts..." [mìǹyàngà mí bínùgá]
5. j-àlá lí bì-nùgá "le crabe..." [jàlá lí bínùgá]
6. m-àlá má bì-nùgá "crabes..." [màlá má bínùgá]
7. lèè í bì-nùgá "la plume..." [lèè bíꜜnùgá]
8. bì-lèè bí bì-nùgá "plumes..." [bìlèè bí bínùgá]
9. ŋ-gwɔ́ ì bì-nùgá "le chien..." [ŋgwɔ́ bìnùgá]
10. ŋ-gwɔ́ í bì-nùgá "chiens..." [ŋgwɔ́ bíꜜnùgá]
15. kòò ú bì-nùgá "la jambe..." [kòò bíꜜnùgá] (pl. en cl. 6)
19. hì-nùní hí bì-nùgá "l'oiseau..." [hìnùní hí bínùgá]
13. dì-nùní dí bì-nùgá "oiseaux..." [dìnùní dí bínùgá]

Pour un aperçu des préfixes pronominaux, voir ci-dessus. Dans la classe 1, il existe une possibilité de choix entre l'emploi de ù- (qui est le plus souvent effacé) et nú- (qui hausse le préfixe suivant, donc : m-ùt nú bí-nùgá).

Pour tous les préfixes pronominaux, qui se composent exclusivement d'une voyelle, il y a une règle d'effacement facultative (qui vaut également pour la classe 19, hí-). On peut donc dire : ǹ-yàngà ú bí-nùgá, ou bien : ǹ-yàngà bí-ꜜnùgá.

En d'autres termes : 1. Si le préfixe pronominal subsiste, alors le préfixe suivant devient haut (sauf pour les préfixes pronominaux des classes 1 et 9 qui sont bas).

2. Si le préfixe pronominal est effacé, dans ce cas, le préfixe suivant devient haut et un ton abaissé (downstep) apparaît sur la syllabe suivante à ton bas, donc : ǹ-yàngà bí-ꜜnùgá "le pont des animaux").

Si le nom régi est un nom à ton haut, appartenant à la classe 1, sans préfixe nominal (du moins en surface), ou appartenant à la classe 9, alors le downstep apparaît également. Exemple :

m-bús ꜜkún "l'envers de la fève" (cf. ∅-kún "fève"). Forme sous-jacente : ny-bús ì ny-kún. Cela se produit seulement lorsque le nom régissant appartient aux classes 1 et 9, parce que dans ce cas le préfixe pronominal est bas.

Cependant, si le nom régi est un nom appartenant à la classe 9 (ou 10) (dans laquelle le préfixe nominal peut être soit non-syllabique soit ∅) et le préfixe pronominal antérieur haut (donc pas dans les classes 1 et 9), il apparaît un ton descendant sur le nom régi, si celui-ci a un ton bas comme base :

b-òt bá n-jɔ̂k "les gens des éléphants" (cf. n-jɔ̀k "éléphant") (c'est d'ailleurs le nom par lequel se désignent les gens de Bunjock, l'endroit dont est originaire mon informateur).

Autres assimilations tonales :

ny-ùí ì kíŋɛ̂ "l'abeille du patron" devient [nyùí kíŋɛ̂]

-kíŋɛ̂ ì kɛ́mbɛ̂ "le patron de la chèvre" devient [kíŋɛ̂ kɛ́mbɛ̂]

(Des phénomènes tels que ceux qui viennent d'être envisagés ci-dessus auraient dû être rassemblés dans un chapitre de phénomènes prosodiques (puisqu'ils semblent provoquer des restrictions générales dans les suites tonales); de même d'ailleurs pour ce qui concerne les restrictions dans les séquences tonales qui valent pour le verbe ou pour les numéraux. Le temps limité qui nous était imparti ne nous a pas permis d'élaborer de manière plus approfondie un chapitre portant ce titre).

b. pronominal

Préfixe pronominal : -ɛ̀m "mon"
-ɔ́ŋ "ton"
-éé "son" (cl. 1)
-és "notre"
-nân "votre"
-áp "leur" (cl. 2)

Exemples :

cl. 1 : ∅-ɓɔ̀ŋá ù-ɛ̀m [wɛ̀m] "mon cerveau" [_ ¯ ¬]
∅-ɓɔ̀ŋá ù-éé [wéé] "son cerveau"
2 : ɓà-ɓɔ̀ŋá ɓá-ɛ̀m [ɓɛ̂m] "mes cerveaux"
1 : m-àngɛ́ ∅-nân [nân] "votre enfant"
2 : ɓ-ɔ̀ngɛ́ ɓá-nân [ɓánân] "vos enfants"
3 : ŋ̀-kùlɛ̀ŋ ú-ɛ̀m [wɛ̂m] "ma hache"
4 : mì-ŋ̀-kùlɛ̀ŋ mí-ɛ̀m [ŋwɛ̂m] "mes haches"
3 : ɛ́ɛ́ nì mì-ǹ-cɛ̂p mí-éé [gwéé] "l'arbre et ses branches"
5 : lì-cɛ̀ɛ́ lí-ɛ̀m [jɛ̂m] "mon oeuf"

cl. 6 : mà-cɛ̀ɛ́ má-ɛ̀m [mɛ̂m] "mes oeufs"
5 : lì-hɔ́ŋ lí-nân "votre graisse"
6 : mà-hɔ́ŋ má-nân "vos graisses"
7 : ø-hès í-éé [yéé] "son bourgeon"
8 : bì-hès bí-éé [gwéé] "ses bourgeons"
9 : ny-àngà ì-éé [yèé] "sa vache"
10 : ny-àngà í-nân "vos vaches"
9 : ø-kíŋɛ̂ ì-ɛ̀m [yɛ̀m] "mon patron"
10 : ø-kíŋɛ̂ í-ɛ̀m [yɛ̂m] "mes patrons"
13 : dì-nùní dí-és [cés] "nos oiseaux"
19 : hì-nùní hí-áp [háp] "leur oiseau"
13 : c-ɔ̀bí dí-nân [dínân] "vos poissons"
19 : h-ɔ̀bí hí-nân [hínân] "votre poisson"
15 : ø-sú ú-ɛ̀m [wɛ̂m] "mon visage"
6 : mà-sú má-ɛ̀m [mɛ̂m] "mes visages" (le pluriel est formé sur la base de la cl. 6 (voir *infra*). Le singulier (cl. 15) a le même accord que la cl. 3, à savoir ú-)

Les préfixes pronominaux changent en position prévocalique (cf. f. 3 énumératif, où l'on donne un aperçu des changements).

<u>Remarques concernant les classes 1 et 9</u>

I. Constructions avec -nân "votre" :

Le préfixe de la cl. 1 et 9 est toujours ø-nân. Il y a un choix entre par exemple măn ø-nân "votre enfant" et măn ø-nàn.

II. Constructions avec -ɛ̀m "mon" :

Si la dernière syllabe du nom précédent a un ton haut, le préfixe pronominal des cl. 1 et 9 (respectivement ù- et ì-) est également rehaussé. Donc :

ø-ɓɔ̀ŋá ꜜw-ɛ̀m "mon cerveau" [_‾ ¬]
ø-gwɔ́ ꜜy-ɛ̀m "mon chien" [— ¬]

Il y a donc toujours une différence, minime il est vrai, (dans la cl. 10) avec le pluriel ŋ-gwɔ́ yɛ̂m "mes chiens" [— ¬].

III. Constructions avec -éé "son" :

Un downstep apparaît dans une construction avec -éé à la cl. 1 (voir ex.) et à la cl. 9.

IV. Constructions avec ɔ́ŋ, -és, -áp :

Les préfixes pronominaux des cl. 1 et 9 ont un ton bas (respectivement ù- et ì-). Comme il y a une persistance tonale (cf. les règles pour l'énumératif), n-jɔ̀k ì-ɔ́ŋ → yɔ̌ŋ "ton éléphant"
ì-és → yěs "notre..."
ì-áp → yǎp "leur..."

Pour ces pronoms il y a une règle de métathèse facultative qui intervient. On peut également dire : n-jɔ̀k yɔ̂ŋ "ton éléphant", etc.

Quelques exemples de simplification tonale :

cl. 15/6 : w-ɔ̀ɔ́ ú-ɛ̀m → w-ɔ̀ɔ̀ wɛ̂m "mon bras"
m-ɔ̀ɔ́ má-ɛ̀m → m-ɔ̀ɔ̀ mɛ̂m "mes bras"

cl. 9/10 : nyòí ì-ɛ̀m → nyòì ꜜyɛ̀m "mon abeille" ([nyòì yɛ̂m] ?)
nyòí í-ɛ̀m → nyòí yɛ̂m "mes abeilles"
kíŋɛ̂ ì-ɛ̀m → kíŋɛ́ ỳɛ̀m "mon patron"
kíŋɛ̂ í-ɛ̀m → kíŋɛ́ yɛ̂m "mes patrons"

2. Démonstratif

Pour un aperçu des préfixes pronominaux voir *supra*. Il y a trois sortes de démonstratifs :

a. proximité : | í-nom régissant, préfixe pronominal-n-V́ identique |

Exemples : í-kàndá nú-n-ú "cette ceinture-ci"
(pour la cl. 1 on a aussi nú- comme préfixe pronominal)

í-ɓà-kàndá ɓá-n-á "ces ceintures-ci" (cl. 2)
(le í- s'assimile à la syllabe qui suit, le résultat étant [ɓá-kàndá ɓáná]

Le í- provoque l'assimilation du préfixe suivant. S'il n'y a aucun préfixe , le í- subsiste habituellement (comme dans le premier exemple). Soit les règles :

1) $[\text{í-}]\begin{bmatrix}\grave{\text{préf.}}\\ +\ \text{cl.}\end{bmatrix} \rightarrow [\text{í-}]\begin{bmatrix}\acute{\text{préf.}}\\ +\ \text{cl.}\end{bmatrix}$ (assimilation tonale)

2) $[\text{í-}] \rightarrow \phi\ /\ \text{——}\begin{bmatrix}\acute{\text{préf.}}\\ +\ \text{cl.}\end{bmatrix}$ (effacement de í-)

La présence de í- (ou le fait que le préfixe nominal devienne haut par effacement) est nécessaire, pour lever l'ambiguïté et distinguer cette construction d'une construction telle que : kàndá núnú "c'est une ceinture".

Tableau :

í-nom		í-nom	
nú-nú	(cl. 1)	bí-ní	(cl. 8)
ɓá-ná	(cl. 2)	ì-ní	(cl. 9)
ú-nú	(cl. 3)	í-ní	(cl. 10)
mí-ní	(cl. 4)	dí-ní	(cl. 13)
lí-ní	(cl. 5)	ú-nú	(cl. 15)
má-ná	(cl. 6)	í-ní	(cl. 19)
í-ní	(cl. 7)		

b. non proximité : í-nom régissant, préfixe pronominal-V́ identique

Exemples : í-kàndá nú-ú "cette ceinture"

ì-ɓà-kàndá ɓá-á "ces ceintures"

Les mêmes règles jouent ici pour l'assimilation et l'effacement.

Donc :

í-ɓà-kàndá ɓá-á → ɓá-kàndá ɓá-á (voir page précédente)

Tableau :

í-nom			í-nom		
	nú-ú	(cl. 1)		bí-í	(cl. 8)
	ɓá-á	(cl. 2)		ì-í	(cl. 9)
	ú-ú	(cl. 3)		í-í	(cl. 10)
	mí-í	(cl. 4)		dí-í	(cl. 13)
	lí-í	(cl. 5)		ú-ú	(cl. 15)
	má-á	(cl. 6)		hí-í	(cl. 19)
	í-í	(cl. 7)			

c. démonstratif de référence : í-nom régissant, préfixe pronominal-`

Exemples : í-kàndá nú-` "la ceinture en question"

í-ɓà-kàndá ɓá-` "les ceintures en question"

Il s'agit là des formes sous-jacentes. Il y a une règle tonale qui transforme nú-` en [nû], etc.

Donc : P.´P.-` donne P.^P.

Tableau :

í-nom				í-nom			
	nú-`	(cl. 1)	[nû]		bí-`	(cl. 8)	[bî]
	ɓá-`	(cl. 2)	[ɓâ]		ì-`	(cl. 9)	[ì]
	ú-`	(cl. 3)	[û]		í-`	(cl. 10)	[î]
	mí-`	(cl. 4)	[mî]		dí-`	(cl. 13)	[dî]
	lí-`	(cl. 5)	[lî]		ú-`	(cl. 15)	[û]
	má-`	(cl. 6)	[mâ]		hí-`	(cl. 19)	[hî]
	í-`	(cl. 7)	[î]				

3. Enumératif

Préfixe pronominal {
- -ádá "un"
- -ɓáà "deux"
- -áâ "trois"
- -nâ "quatre"
- -tân "cinq"
- -sámàl "six"
- -sâmbɔ́k "sept"

Pas de préfixe pronominal {
- jwɛ̀m "huit" [jʌm]
- ɓòó "neuf"
- jǒm "dix" (ou lì-óm, cf. 22)

jǒm nì -ádá "onze" (en isolation jǒm nì yádá)
jǒm nì -tân "quinze" (en isolation jǒm nì bítân)
jǒm nì -ɓòó "dix-neuf"
mǒm "vingt" (ou mà-óm qui donne mǒm)
mǒm -ádá "vingt-deux"
mǒm máâ "trente"
mǒm mátân "cinquante"
m-bógôl "cent"
m-bógôl ɓáà "deux cents"
hì-kóó "mille"
hì-kóó híɓą̀à "trois mille"

Le préfixe pronominal et le préfixe numéral sont identiques. Pour les préfixes pronominaux dans l'entourage -V les règles sont les suivantes :

cl. 1	ù- → w-	/ —V		cl. 8	bí- → gw-	/ —V
cl. 2	ɓá- → ɓ-	/ —V		cl. 9	ì- → y-	/ —V
cl. 3	ú- → w-	/ —V		cl. 10	í- → y-	/ —V
cl. 4	mí- → ŋw-	/ —V		cl. 13	dí- → c-	/ —V
cl. 5	lí- → j-	/ —V		cl. 15	est identique à la cl. 3 (pour l'accord pronominal, voir *supra*)	
cl. 6	má- → m-	/ —V				
cl. 7	í- → y-	/ —V		cl. 19	hí- → h-	/ —V

Dans tous ces cas, le ton de la voyelle perdue enjambe et se réalise sur la voyelle suivante. Donc :

m-ùt ù-ádá → mùt wàdá "une personne", etc.

Préfixe pronominal -bìsú "le premier", m-ùt (nú-) -bìsú "la première personne" ou m-ùt ù-bìsú "*id.*". Souvent cependant, le préfixe pronominal d'accord est omis, dans la mesure où il se compose d'une seule voyelle (cf. les constructions connectives), donc :
m̀-ùt ∅-bìsú (cf. -sú "visage).

Préfixe pronominal m-bús "le dernier", m-ùt (nú- ou ù-) m-bús "la dernière personne". La même règle que pour -bìsú s'applique ici (cf. m-bús "dos").

4. Interrogatifs et sélectifs

Préfixe pronominal -áŋán "autre" (ex. m-ùt ù-áŋán [mùt wàŋán]). Voir pour l'assimilation tonale le chapitre concernant les numéraux, où sont données les règles pour les préfixes pronominaux, qui s'appliquent également ici.

Préfixe pronominal -ádá "un, certain" (ex. m-ùt ù-ádá [mùt wàdá] "une certaine personne".
bì-nùgá bí-ádá [bìnùgá gwádá] "certains animaux, des animaux déterminés".

Préfixe pronominal -ɛ́n (dém.) "a qui ?" (ex. n-dáp ì-ɛ́n ì-ní "à qui est ceci (la maison) ?" ([ndáp yɛn ì-ní]).
kɛ́mbɛ̂ ì-ɛ́n ì-ní "à qui est ceci (la chèvre) ?" ([kɛ́mbɛ́ yɛ̌n ìní])
ɓ-ɔ̀n ɓá-ɛ́n ɓá-ná "à qui sont ceux-ci (les enfants) ?" ([ɓɔ̀n ɓɛ́n ɓáná])

Nom régissant (démonstratif de référence) mbɛ́ɛ́ "quelques" (ex. m-ùt (nû-) mbɛ́ɛ́ "quel homme ?"). L'emploi du démonstratif de référence est facultatif pour les cl. 1, 3, 7 (et 19, identique à la cl. 13). Ailleurs il est obligatoire. On peut également dire m-ùt mbɛ́ɛ́ nû. Le démonstratif de référence est obligatoire s'il suit mbɛ́ɛ́.

Préfixe pronominal -áŋɛ́n "combien ?" (employé uniquement avec des noms au pluriel. Ex. bì-nùgá bí-áŋɛ́n ([bì-nùgá gwáŋɛ́n]).

Nominal (démonstratif de référence) njɛ́ɛ́ "comment ?" (ex. m-ùt (nû-) njɛ́ɛ́ "personne, à qui, comment ?". Emploi du démonstratif de référence facultatif (cf. mbɛ́ɛ́). On peut également dire : kí-njɛ́ɛ́ m-ùt "quel homme,...à qui ?" et ɓà-kí-njɛ́ɛ́ ɓ-òt "quels hommes,... à qui ?". Devant kí-njɛ́ɛ́ on place alors un préfixe nominal, dépendant du nominal qui le suit.

hɛ́ɛ́ "où ?". Pas d'accord.

láá "comment ?". Pas d'accord non plus.

kíí "quoi ?". Ne s'accorde pas.

G. SUBSTITUTIFS

m-ɛ̀ ([mɛ̀]) "je"	ɓà-és ([ɓěs]) "nous"	participants
ù-ɛ̀ ([wɛ̀]) "tu"	ɓà-é ([ɓèé]) "vous"	
nú-ɛ́ ([nyɛ́]) "il" (cl. 1)	ɓá-ɔ́ ([ɓɔ́]) "ils" (cl. 2)	non-participants

(on remarquera que l'analyse des formes sous-jacentes pour les substitutifs est spéculative).

-mɛ̀dɛ́

mɛ̀-mɛ̀dɛ́	"moi-même"	ɓěs-mɛ̀dɛ́ "nous-mêmes"	([ɓès-mɛ́dɛ́])
wɛ̀-mɛ̀dɛ́	"toi-même"	ɓèé-mɛ̀dɛ́ "vous-mêmes"	([ɓèè-mɛ́dɛ́])
nyɛ́-mɛ̀dɛ́	"lui-même"	ɓɔ́-mɛ̀dɛ́ "eux-mêmes"	

-támá "seulement"

mὲ-támá "moi seul" ɓěs-támá "nous seuls" ([ɓès-támá])

wɛ-támá "toi seul" ɓèé-támá "vous seuls" ([ɓèè-támá])

nyɛ́-támá "lui seul" ɓɔ́-támá "eux seuls" ([ɓɔ́-támá])

-n (particule emphatique)

mὲ-nyɛ́-n [mɛ̌n] "je" ɓěs-ɓɔ́-n "nous" ([ɓès-ɓɔ́n])

wὲ-nyɛ́-n [wɛ̌n] "tu" ɓèé-ɓɔ́-n "vous" ([ɓèè-ɓɔ́n])

nyɛ́-n "il" ɓɔ́-n "ils"

(à proprement parler les pronoms emphatiques sont donc construits par analogie avec la troisième personne du singulier et du pluriel).

Les mots qui fonctionnent comme préfixe objet (voir le chapitre qui les concerne) ont également la possibilité d'emphase. C'est-à-dire qu'après l'accord objet on place un -n : í-ɔ́-n (cl. 7) [yɔ́n], de même que dans yɔ̀m yɔ́n "c'est la chose qui..." (préfixe pronominal -ɔ́-n).

-̀k "également, aussi"

(il y a un mot kì "aussi, également" qui semble lui être apparenté).

mὲ-̀k "moi aussi" ɓěs ɓɔ́-̀k "nous aussi" ([ɓès ɓɔ̂k])

wὲ-̀k "toi aussi" ɓèé ɓɔ́-̀k "vous aussi" ([ɓèè ɓɔ̂k])

nyɛ́-̀k "lui aussi" ([nyɛ̂k]) ɓɔ́-̀k "eux aussi" ([ɓɔ̂k])

Les non-participants autres que ceux de la cl. 1 et 2 ont également cette possibilité. La structure est : Préfixe pronominal-ɔ́-̀k. Exemple : mí-ɔ́-̀k (cl. 4) donne [ŋwɔ̂k].

-sô (ou sónà) "tous, en entier, tout, complètement"

mὲ-ǹ-sô "moi complètement" ɓěs-ɓá-sô "nous tous" ([ɓès ɓásô])

wὲ-ǹ-sô "toi complètement" ɓèé-ɓá-sô "vous tous" ([ɓèè ɓásô])

nyɛ́-ǹ-sô "lui complètement" ɓɔ́-ɓá-sô "eux tous"

Pour les non-participants autres que ceux de la cl. 1 et 2, la règle suivante s'applique : Préfixe pronominal (ɔ́)-sô (le ɔ́ est obligatoire pour les préfixes pronominaux qui ne comportent qu'une voyelle (cl. 3, 7, 9, 10, 15) et la cl. 19 (donc : h-ɔ́-sô)). Pour les autres préfixes pronominaux le ɔ́ est facultatif. Si ɔ́ est utilisé, ce sont les règles habituelles aux préfixes pronominaux en position prévocalique qui sont applicables (donc : ŋwɔ́ (cl. 4), etc.).

-̀í "chez"

mὲ-nyɛ́-n-̀í ([mɛ̌nì]) "chez moi" ɓěs-ɓɔ́-n-̀í ([ɓès ɓɔ́nì]) "chez nous"

wὲ-nyɛ́-n-̀í ([wɛ̌nì]) "chez toi" ɓèé-ɓɔ́-n-̀í ([ɓèè ɓɔ́nì]) "chez vous"

nyɛ́-n-̀í ([nyɛ́nì]) "chez lui" ɓɔ́-n-̀í ([ɓɔ́nì]) "chez eux"

H. FORMES VERBALES

1. Accord du sujet (à l'initiale)

L'accord du sujet des participants et non-participants se présente comme suit :

mɛ̀-	"je"		dì-	"nous"		participants
ù-	"tu"		nì-	"vous"		
à-	"il"	cl. 1	ɓá-	"ils"	cl. 2	non-participants
ú-		cl. 3	mí-		cl. 4	
lí-		cl. 5	má-		cl. 6	
í-		cl. 7	bí-		cl. 8	
ì-		cl. 9	í-		cl. 10	
ú-		cl. 15				
hí-		cl. 19	dí-		cl. 13	

Exemples : hì-nùní hí-nɔ́gɔ̂p "l'oiseau (cl. 19) se lave"
ŋ-gwɔ́ ì-bí-̀nɔ́l kɛ́mbɛ̂ "le chien (cl. 9) tua une chèvre"
hì-nùní nì ŋ-gwɔ́ ɓá-n-gwéhnà "l'oiseau et le chien s'aiment".

Des mots appartenant à des classes différentes comme ci-dessus reçoivent, s'ils sont coordonnés, le préfixe du pluriel de la cl. 2 ɓá-, s'ils ont la marque sémantique (+ animé).

Lorsqu'il s'agit d'objets (- animé) alors ils reçoivent le préfixe bí- (cl. 8).

lì-wíndí nì kàat bí- "la craie et le livre..."

2. Temps

Les marqueurs de temps sont infixés dans la construction verbale, entre l'initiale et le radical verbal.

Ce sont :

-ń̀- présent (composé d'une nasale homorganique et d'un ton bas flottant).

ex : hì-nùní hí-ń̀-tɛ́hɛ́ ɛ́ "l'oiseau voit l'arbre"
m-ùt à-ń̀-nɔ́gɔ̂p "l'homme se lave"

Le ton bas flottant se manifeste comme un haut abaissé sur le radical verbal, si celui-ci est haut. Donc :

[hì-nùní hí-ń-tɛ́ꜜhɛ́ ɛ́]

Devant une autre nasale, ń- disparaît. L'accord du sujet est montant si le ton sous-jacent est bas :

[mùt ǎnɔ́ꜜgɔ̂p] "l'homme se lave"

-n- parfait I (nasale homorganique sans ton)
ex : m-àlêt nì hì-nùní bá-n-pám "l'homme et l'oiseau sont partis" ([bá-m-pám])
màngɛ́ à-n-sɔ́mb lí-cɛ̀ɛ́ "l'enfant a cuit un oeuf"

-bíˋ parfait II (ce marqueur de temps est utilisé pour indiquer qu'une action a eu lieu dans un passé un peu plus éloigné)
ex : ŋ-gwɔ́ ì-bíˋnɔ́l kɛ́mbɛ̂ "le chien a tué une chèvre (hier)" ([ì-bí-nɔ̍l])
hì-nùní hí-bíˋtɛ́hɛ́ ɛ́ "l'oiseau a vu un arbre (hier)" ([hí-bí-tɛ̍hɛ́])

-ˋ- prétérit (temps passé)
ex : ɓá-ˋ-pɔ́t "ils parlaient" ([ɓá-pɔ̍t])
à-ˋ-tímb "il revint" ([à-tímb])

-áˋ (ou -gáˋ) futur (d'après l'informateur, les locuteurs âgés emploient le plus souvent -gáˋ)
ex : hì-nùní hí-áˋtɛ́hɛ́ ɛ́ "l'oiseau verra l'arbre" ([há(á)tɛ̍hɛ́])
Dans ce cas également l'accord du sujet, s'il est bas (dans les cl. 1 et 9 et chez les participants), devient montant en ce qui concerne le ton. En élocution rapide les voyelles de l'accord sujet sont identiques à a (comme ci-dessus).

Les marqueurs temporels cités ci-dessus ne constituent vraisemblablement pas l'inventaire complet des temps du verbe.

Il faut ajouter de plus que des temps tels que "pas encore" entre autres sont exprimés par un auxiliaire qui n'est pas infixé dans le verbe, mais qui est placé devant lui.

3. Base verbale

La base verbale se compose d'une racine (radical) (pour les formes canoniques voir Chapitre IV a) et d'extensions.

Bien que la dérivation verbale doive précéder la flexion verbale (étant donné qu'une des caractéristiques de la dérivation est qu'elle se situe à l'intérieur du mot, alors que la flexion concerne ce qui arrive au mot), la dérivation verbale (c'est-à-dire les extensions) suit ici le traitement de la flexion, car pour le verbe je n'ai pu inventorier que des parties de la dérivation.

La racine elle-même se compose d'un radical avec des extensions figées, comme dans **tòmòl** "pousser" ; le radical ***-tòm** (dans un stade plus ancien de la langue) n'apparaît plus isolément. Le mot **tòmòl** n'est donc pas synchroniquement un dérivé.

L'initiale (absente à l'impératif) et les temps précèdent la base verbale ; les aspects la suivent.

Les traces d'un ancien marqueur d'infinitif pour les verbes (cl. 15 ***ko**) ne se trouvent plus que dans l'accord

ɓàt ú-yé lɔ́ngɛ̂ "questionner est bon"

nɔ̀yɛ̀ ú-yé lɔ́ngɛ̂ "se reposer est bon"

où **ú-** semble être un réflexe de ***ko**.

4. Aspects et modes

-́ (singulier) impératif

-́ná (pluriel)

	singulier	pluriel
Ex. :	**nyɔ̀-́** ([nyɔ́])	**nyɔ̀-́ná** ([nyɔ́ná]) (cf. **nyɔ̀** "boire")
	kɛ̀-́ ([kɛ̌])	**kɛ̀-́ná** ([kɛ̌ná]) (cf. **kɛ̀** "aller")
	tɛ́hɛ́-́ ([tɛ́hɛ́])	**tɛ́hɛ́-́ná** ([tɛ́hɛ́-ná]) (cf. **tɛ́hɛ́** "voir)
	nìmbìl-́ ([nìmbíl])	**nìmbìl-́ná** ([nìmbláná]) (cf. **nìmbìl** "étendre")
	tíhíɓà-́ ([tíhíɓá])	**tíhíɓà-́ná** ([tíhíɓáná]) (cf. **tíhíɓà** "toucher")
	sɔ̀l-́ ([sɔ́l])	**sɔ̀l-́ná** ([sɔ̀lá]) (cf. **sɔ̀l** "accuser")
	níp-́ ([nìp])	**níp-́ná** ([níbá]) (cf. **níp** "voler")

Pour obtenir les formes de surface correctes on a donc besoin de règles d'assimilation tonale. D'autre part pour des verbes tels que **nìmbìl** on doit formuler une règle d'épenthèse. Enfin on a besoin d'une règle qui efface **-́n** après des formes CVC telles que **sɔ̀l**.

-à habituel

Ex. : **tèŋ-à** ([tèŋà]) "avoir l'habitude d'attacher"

Dans cette construction on ne trouve pas de changement de voyelle.

-̀ subjonctif

Ex. : **hì-nùní hí-tɛ́hɛ́-̀ɛ́** ([hì-nùní hí-tɛ́hɛ́ ɛ̍]) "que l'oiseau puisse voir l'arbre (ou) voie l'arbre"

Les préfixes des cl. 1 et 9 sont également hauts :

á-lɔ̀-̀ [á-lɔ̂] "puisse-t-il venir (ou) qu'il vienne" (cf. **lɔ̀** "venir"). Le ton de **á-** se continue sur **lɔ̀** → **lɔ̂** (l'accord du sujet est bien toujours présent au subjonctif).

-V̀k situatif

Ex. :

à-̀kɛ́ à-tóbôk "il courait tandis qu'il chantait" (cf. tób "chanter")
à-̀kɛ́ à-bàdàk "il courait tandis qu'il demandait" (cf. bàt "demander")
à-̀kɛ́ à-nyɔ̂k "il courait tandis qu'il buvait" (cf. nyɔ́ "boire")
à-̀kɛ́ à-jɛ̂k "il courait tandis qu'il mangeait" (cf. jɛ́ "manger")

Le suffixe -V̀k est donc toujours en harmonie avec la voyelle de la base précédente. Dans les syllabes à structure CV il y a contraction:

à-nyɔ́-V̀k → nyɔ́ɔ̀k → nyɔ̂k.

ɓéé négation

La particule négative ne fait pas partie du verbe (elle n'est pas infixée) ; elle est placée derrière la forme verbale :

à-bí-̀lòs ɓéé kéksɛ̀ "il n'a pas réussi à l'examen"
à-̀tɔ́p há ɓéé tèmb nyɔ̀ɔ́ "il ne voulait plus revenir" (há ɓéé "ne plus")

(Il n'a pas été possible de présenter ici un tableau complet de la négation. Ci-dessus ne figurent que les constructions rencontrées dans le corpus).

5. Accord-objet

L'accord-objet n'est pas infixé dans le verbe, mais il suit celui-ci.

Structure :

Singulier	Pluriel	
/mɛ̀-ɛ́/ [mɛ̂] "moi, me"	/ɓá-és/ [ɓés] "nous"	participants
/ù-ɛ́/ [wɛ̂] "toi, te"	/ɓá-éé/ [ɓéé] "vous"	participants
/nú-ɛ́/ [nyɛ́] "lui, le" cl.1		non-participants
(préfixe pronominal -ɔ́)		
	/ɓá-ɔ́/ [ɓɔ́] "eux" cl.2	
/ú-ɔ́/ [wɔ́] cl.3	/mí-ɔ́/ [ŋwɔ́] cl.4	
/lí-ɔ́/ [jɔ́] cl.5	/má-ɔ́/ [mɔ́] cl.6	
/í-ɔ́/ [yɔ́] cl.7	/bí-ɔ́/ [gwɔ́] cl.8	
/ì-ɔ́/ [yɔ̂] cl.9	/í-ɔ́/ [yɔ́] cl.10	
	/dí-ɔ́/ [cɔ́] cl.13	
/ú-ɔ́/ [wɔ́] cl. 15		
/hí-ɔ́/ [hɔ́] cl.19		

Exemples :

mὲ-n-tí w-ɔ́ mà-lép

/j'ai donné | à lui(cl.3) | de l'eau/ "je lui ai donné de l'eau"

mὲ-n-tí nyɛ́ yɔ̍́

/j'ai donné | à lui(cl.1) | le(cl.9)/ "je le lui ai donné"

mὲ-n-tí bɔ́ gwɔ̍́

/j'ai donné | à eux(cl.2) | les(cl.8)/ "je les leur ai donnés"

(je n'ai pas approfondi des phénomènes syntaxiques tels que le ton haut abaissé sur gwɔ̍́). Les mots en position objet reçoivent un préfixe à ton haut.

Exemples :

mὲ-n-tɛ́hɛ́ wɔ́ɔ́ "j'ai vu le bras" (w-ɔ̀ɔ́ "bras") ; lí-hɔ́ŋ (lì-hɔ́ŋ "graisse") ; ŋ́-ɔ́ (ŋ̀-ɔ́ "tête") ; bɔ́ŋ̍a "cervelle" : abaissement tonal (si le préfixe doit disparaître comme ici) dans des mots avec ton bas-haut (BH) sur la base.

IV. DERIVATION VERBALE

A. FORMES CANONIQUES

Les formes les plus courantes sont :

CVC ɓàt "demander"
nɔ́l "tuer"
bèmb "revenir"

CV lɔ̀ "venir, arriver"
nyɔ́ "boire"
tí "donner"

Il existe aussi des structures radicales du type :

V(C) áŋ "lire"
é "défricher"

CVCV tɛ́hɛ́ "voir"

CVV túû "tirer"

VV ɛ̀ɛ̀ "pleurer"

VCV àdá "éclairer"

Beaucoup de ces formes se composent d'une ancienne racine et d'une extension figée ou d'une finale assimilée. Ainsi túû semble être formé d'une racine tú- et d'une extension ù (réversif). Au niveau synchronique cependant, ces formes doivent être considérées comme monomorphématiques.

Des formes canoniques du type *CVVC sont passées à CVC, dans le cas où V^1 était identique à V^2, ainsi hép < *-pɛ̀ɛ̀p (A.E. MEEUSSEN, *Bantu Grammatical Reconstructions*, 1967 : 85). Il y a bien quelques verbes présentant une structure CVVC(X), mais ils constituent une exception.

Des mots à structure (C)VCVC apparaissent également. On peut considérer aussi qu'ils se composaient à l'origine d'une racine avec extension : ɛ̀mɛ̀l "rêver".

B. EXTENSIONS

+ V̀l — applicatif : productif

Exemples :

tèŋ + V̀l → [tìŋìl] "attacher pour, avec"

hɔ́k + V̀l → [hógôl] "ramer pour, avec"

+ à — passif : productif

Exemples :

tèŋ + à → [tìŋà] "être attaché"

kòt + à → [kùdà]∿[kùřà] "être joué"

Cette extension semble être une ancienne finale. L'extension passive en Proto-Bantou -ó-(dans ma transcription) (cf. A.E. MEEUSSEN, *Bantu Grammatical Reconstructions*, 1967 : 92) a disparu, mais non sans avoir laissé une trace sous forme d'harmonie vocalique (pour la formulation des règles, voir ci-après).

Autres exemples :

káá + à → [kéâ] "plaider, faire un procès" (règle pour l'harmonie, la persistance tonale et la réduction vocalique)

ɛ̀ɛ̀ + à → [èà] "être regretté"

Mais :

é + à → [íbâ] "être défriché"

+ V̀s — causatif direct : productif

Exemples :

bámb + V̀s → [bémbês] "damer la terre"

hól + V̀s → [húlûs] "faire aiguiser, faire affûter"

lék + V̀s → [lígîs] "réchauffer, faire cuire"

bɛ̀l + V̀s → [bèlès] "planter, faire pousser"

+ hà — causatif indirect : productif

Exemples :

bɛ̀l + hà → [bèlhà] "faire cultiver, faire planter"

bámb + hà → [bémbhà] "faire travailler, faire damer la terre"

+ hà — simultatif : assez productif

Exemples :

tèŋ + hà → [tìŋhà] "toucher en même temps"

pɔ́m + hà → [pómhà] "tailler en même temps"

+ V̀l réversif : productif

Exemple :

tèŋ + V̀l → [tìŋìl] "détacher, délier"

Formellement cette extension n'est pas différente de l'extension applicative. La différence ne semble exister que dans le sens.

+ V̀p réflexif : productif

Exemples :

lɛ́k + V̀p → [lɛ́gɛ̂p]∿[lɛ́ɣɛ̂p] "prendre place"

*nɔ́k + V̀p → [nɔ́gɔ̂p] "se laver"

*tɛ́l + V̀p → [tɛ́lɛ̂p] "se dresser"

Avec cette extension, il n'y a pas d'harmonie vocalique. Ex. : lɛ́k veut dire "placer" ; avec extension → lɛ́gɛ̂p (voir ci-dessus). Il y a bien sûr des règles à formuler pour k → g et pour la persistance tonale.

*Au niveau synchronique ces mots ne sont pas dérivés. Il n'y a pas (plus) de base nɔ́k-.

+ nà réciproque : productif

Exemples :

kɛ́p + nà → [kɛ́pnà] "se tatouer l'un l'autre"

tèŋ + nà → [tèŋnà] "s'attacher l'un l'autre"

Ici non plus il n'y pas d'harmonie vocalique. La règle relative à la persistance tonale ne joue pas parce que deux consonnes sont contiguës.

+ í statif : productivité très restreinte

Il semble que ce soit la seule extension à ton haut.

Exemples :

tɛ́k + í → [tégí] "être en position couchée"

*hɔ́nd + í → [hóndí] "être en position accroupie" (hɔ́nd n'apparaît pas isolément).

Ici aussi l'harmonie vocalique joue.

C. SUCCESSIONS D'EXTENSIONS

1. avec réflexif

+ V̀p + à   <u>passif</u>

Exemple :

tèŋ + V̀p + à → [tèŋɓà] "attacher sur soi"

+ V̀p + ɛ̀(nɛ̀)   <u>applicatif</u>

Exemples :

tèŋ + V̀p + ɛ̀ → [tèŋɓɛ̀(nɛ̀)] "s'attacher à"

tɛ́k + V̀p + ɛ̀(nɛ̀) → [tɛ́gɓɛ̀nɛ̀] "aller s'étendre sur"

+ V̀p + nà   <u>réciproque</u>

Exemples :

tèŋ + V̀p + nà → [tèŋɓànà] "s'attacher l'un à l'autre"

ník + V̀p + ànà → [nígɓànà] "s'appuyer l'un contre l'autre" (*nígîp "s'appuyer")

+ V̀p + hà   <u>causatif indirect</u>

Exemple :

ník + V̀p + hà → [nígɓàhà] "faire s'appuyer ou s'appuyer en même temps"

La voyelle de la racine reste inchangée. Le changement de p en ɓ, à savoir la glottalisation, peut s'analyser de trois manières :

a) méthathèse : V̀p → pV (→ ɓV), après lequel V devient identique à la voyelle qui suit.

b) épenthèse : (et effacement) V̀p → ∅p → ∅ɓ. On ajoute alors une voyelle (identique à la voyelle qui suit).

c) effacement : V̀p → ∅ɓ. On doit en conclure alors que le causatif indirect est + àhà, et le réciproque + ànà.

2. avec réversif

+ V̀l + ɛ̀(nɛ̀)   <u>applicatif</u>

Exemples :

tɛ́k + V̀l + ɛ̀(nɛ̀) → [tɛ́glɛ̀(nɛ̀)] "éclairer pour, en vue de" (cf. tɛ́k "être étendu, se reposer")

tèŋ + V̀l + ɛ̀(nɛ̀) → [tèŋlɛ̀nɛ̀] "détacher pour, en vue de "

+ V̀l + à   <u>passif</u>

Exemple :

tèŋ + V̀l + à → [tèŋlà] "être détaché" (cf. tèŋ "attacher")

+ V̀l + hà causatif indirect

Exemple :

tèŋ + V̀l + hà → [tèŋlàhà] "faire détacher"

+ V̀l + nà réciproque

Exemple :

tèŋ + V̀l + nà → [tèŋlànà] "se détacher l'un de l'autre"

Il n'y a pas ici non plus modification de la voyelle de la racine. Des modifications interviennent dans les deux extensions qui sont contiguës. Trois solutions sont possibles :

a) métathèse : V̀l → lV̀, après lequel V → ∅ au passif et à l'applicatif et → à au causatif indirect et au réciproque.

b) épenthèse (et effacement) : V̀l → ∅l, à est inséré devant le causatif indirect et le réciproque.

c) effacement : V̀l → ∅l. Le réciproque est + ànà, le causatif indirect + àhà.

3. avec applicatif

+ V̀l + hà causatif indirect

Exemple :

ním + V̀l + hà → [nímlàhà] "faire disparaître" (cf. nímîl "disparaître" (synchroniquement non dérivé)).

+ V̀l + nà réciproque

Exemple :

ɔ́m + V̀l + nà → [ómlànà] "s'envoyer mutuellement, s'envoyer l'un l'autre" (cf. ɔ́m "envoyer)

+ V̀l + ɛ̀(nɛ̀) applicatif

Exemple :

hót + V̀l + ɛ̀nɛ̀ → [húdlɛ̀nɛ̀] "habiller pour" (cf. hót "plier")

Dans les successions d'extensions, ɛ̀(nɛ̀) est utilisé comme extension applicative en deuxième position, mais non V̀l (on ne peut donc avoir *hudlala).

Dans ces doubles extensions intervient une modification de la voyelle de la racine (sauf lorsque celle-ci est i ou u, cf D. pour la formulation de la règle).

Les modifications de V̀l sont identiques au réversif (voir 2.). Il est vraisemblable qu'il y a davantage de successions d'extensions possibles (avec l'applicatif mais aussi avec d'autres extensions).

Le temps limité ne nous a cependant pas permis de donner une description et une analyse exhaustive de la dérivation verbale.

D. REGLE DES EXTENSIONS VERBALES

Les extensions simples : extensions qui provoquent l'harmonie vocalique :

applicatif
passif
causatif direct
causatif indirect
simultatif
réversif
statif

Suivent ci-dessous quelques règles non-formalisées permettant de produire les formes de surface correctes.

1) Si l'une des extensions ci-dessus est ajoutée à la racine, les voyelles de la racine se modifient comme suit :

i → i	u → u
e → i	o → u
ɛ, a → e	ɔ → o

C'est pour i et u que la position de la langue est la plus haute. Ces voyelles restent donc également inchangées. Les modifications des voyelles mentionnées ci-dessus plaident pour une matrice vocalique avec trois hauteurs (haut, moyen, bas). Le a et le ɛ se transforment tous deux en e.

2) Si la règle ci-dessus est appliquée, la voyelle de l'extension devient identique à la voyelle de la racine. Donc :

hɔ́k + V̀l "ramer pour, avec" → hók + V̀l → [hógôl]

L'exemple ci-dessus montre que davantage de règles sont nécessaires :

- p, t, k en position finale (de la racine) deviennent sonores lorsqu'une extension suit (C -sonore → C +sonore /-extension).
- s en position finale passe à h. Ex. sès + à → [sèhà] "avoir l'habitude de faire peur".
- Toutes les extensions à l'exception du statif ont un ton bas. Si elles suivent une racine à ton haut, la persistance tonale intervient. Donc : hɔ́k + V̀l → [hógôl].
- Une des restrictions de la structure morphémique du basaa est que les successions de trois voyelles ne sont pas autorisées. Donc si le noyau vocalique de la racine se compose de deux voyelles, l'une de

celles-ci s'efface, lorsqu'une extension est ajoutée. Donc : ɛ̀ɛ̀ + à → [èà] "être déploré" (cf. ɛ̀ɛ̀ "pleurer").

Pour la formulation des règles de successions d'extension, voir IV.C.1., 2. et 3.

Gerrit Dimmendaal
Août 1976
Leyden

V. APPENDICE

A. TEXTE

P = présent

Pe^1 = parfait I

Pe^2 = parfait II

Pa = prétérit ou passé

plur. = pluriel

1. ɓà-sángó, / ɓá-nyàngó, / ɓ-ɔ̀ngέ, / ɓà-wándá, / mì-máŋ / nì / ɓà-mbɔ́mbɔ̀k /
messieurs / mesdames / enfants / adolescents / vieux / et / notables /

2. mὲ-ń-yèga̍ / ɓéé (à), / í-kέglà / íní.// mὲ-ń-a̍ŋlɛ̂ / ɓéé / ŋ̀-áŋ /
je-*P*-saluer / vous (?) / dans-matin / ce.// je-*P*-raconter / vous / histoire /

3. ú-nîŋ / ú-m-ángέ / w-áda̍, / m-ǎn / nân, / m-ǎn / ɓà-sàá // ndí / ɓέbɛ̂k /
de-vie / de-enfant / un / fils / votre / fils / Basaa // mais / peut-être /

4. m-ùt / á-bât / mɛ̂ / nânɔ́ / lέ / à-yè / m-ǎn / kìí, /
personne / il-demander / moi / maintenant / que / il-est / enfant / de qui ?/

5. jòl / j-éé / lέ / njέέ, / ǹ-sáŋ / njέέ, /nyàŋ / njέέ // ndí / tɔ̀, /m-ùt /
nom / son / que / qui ?/ père / qui ?/ mère / qui ?// mais / non / personne /

6. à-bàt / ɓâŋ / mὲ / hálà, / y-ɔ̌m / mὲ-ń-kàl / ndígí / ɓèé / jòl /
il-demande / pas / moi / ainsi / chose / je-*P*-dire / seulement / vous / nom /

7. lí / m-báy / y-ée̍ // m-báy / y-ée̍ / lέ / ɓùnjɔ̀k / í-má-kàk // à-yè /
de / village / son // village / son / que / Bunjock / à-Makak // il-est /

8. m-ǎn / n-dòk / ɓèyá // à-bí-gwèénὲ / ní / í-ɓùnjɔ̀k / í-ŋwìí / mòm /
enfant / ethnie / Beya // il-*Pe*^{2}-naître / donc / à-Bunjock / dans-année / dix /

9. má-tân / nì / áâ, / hálà / à-ỳe-lέ / à-yè / nânɔ́ / ŋwìí /
plur.-cinq / et / trois / ainsi / c'est-que / il-est / maintenant / année /

10. mòm / (ḿ)-máà / nì / (ḿ)-máà // í-ngèdà / gwèt / hálà / à-yè-lɛ́ /
dix / *plur.*-deux / et / *plur.*-deux // dans-temps / guerre / ainsi / c'est-que /

11. í-ŋwìí / hì-kóó / h-ádá / nì / ḿ-bógôl / ɓòó / nì / mòm / má-tân /
dans-année / mille / un / et / *plur.*-cent / neuf / et / dix / *plur.*-cinq /

12. nì / jwɛ̀m, / à-kɛ́ / nì / nyàndóm / w-éꜜè, / nyɔ̀ɔ́ / í-míndùrù /
et / huit / il-partir / avec / oncle maternel / son / là-bas / à-Minduru /

13. í-pꜜàŋ / h-ɔ̀má / w-ádꜜà / á-ń-sèbél / lɛ́ / ɓà-túrꜜì // kìí / à-n-nyɔ́dꜜì, /
dans / lieu / un / ils-*P*-appeler / que / Baturi // quand / ils-*Pe*^{1}-quitter /

14. nyɔ́ꜜɔ̀ / í-míndùrù / ɓɔ́ / nyàndóm / w-éꜜè / ǹ-tóŋ / ɓá-n-nyɔ́dì /
là-bas / à-Minduru / avec / oncle maternel / son / accompagné / ils-*Pe*^{1}-quitter /

15. ɓá-kɛ̂ / í-sɔ̀ŋ / ɓɛ̀bɛ̀ / nì / òɓálà ; / ɓɛ̀t / ɓá-ń-nìŋ /
ils-*Pe*^{1}-partir / à-Song / voisin / avec / Obala / ceux / ils-*P*-habiter /

16. nyɔ́ꜜɔ̀ / óɓꜜàlà / tónd // kìí / ɓá-n-nyɔ́dí / há / ꜜì-sɔ̀ŋ / nyɛ́ /
là-bas / (à) Obala / Eton // quand / ils-*Pe*^{1}-quitter / là / à-Song / lui /

17. à-yék / nyándꜜòm / w-éꜜè // à-têmb / à-kɛ́ / à-ádâ /
il-abandonner / oncle maternel / son // il-retourner / il-aller / il-rejoindre /

18. ɓɔ́-ǹ-sꜜàŋ / í-ɓùnjɔ̀k // mɛ̀-ń-nɔ̀dɛ́ / áŋlɛ́ / ɓéé / nânɔ́ / lɛ́láá /
parents / à-Bunjock / je-*P*-essayer / raconter / vous / maintenant / comment /

19. à-bí-ɓòŋ / súgùlù / y-èé / í-ŋwìí / mòm / má-tân / nì / ɓòó /
il-*Pe*^{2}-faire / école / son / dans-année / dix / *plur.*-cinq / et / neuf /

20. kìí / à-n-kɛ̂ / nì / nyàndóm / w-éè, / à-há / nyɛ́ /
quand / il-*Pe*^{1}-partir / avec / oncle maternel / son / il-mettre / lui /

21. í-sùgúlù, / í-ŋwìí / mòm / má-sámàl / à-ɓéꜜè / ń-tꜜòŋ /
dans-école / dans-année / dix / *plur.*-six / il-était / en compagnie /

22. dí-sꜜèé, / hálꜜà / nyɛ́-n / ɓá-ń-sèbél / ní / ɓà-sàá, / ɓá-ń-sèbél /
lièvres / ainsi / c'est / ils-*P*-appeler / avec / basaa / ils-*P*-appeler /

23. ní / pùlàsí / lɛ́ / 'section d'initiation' // í-ŋwìí / mòm / má-sámàl /
avec / français / que / section d'initiation // dans-année / dix / *plur.*-six /

24. nì / w-ádá / à-jôp / í-klꜜàás / ɓá-ń-sèbél / ní / pùlàsí / lɛ́ /
et / un / il-entrer / dans-classe / ils-*P*-appeler / avec / français / que /

25. 'cours préparatoire', / ɓá-ń-sèbél / nì / ɓà-sꜜàá / lɛ́ / kláás / í-ɓáà //
cours préparatoire / ils-*P*-appeler / avec / basaa / que / classe / deux //

26. à-n-nyɔ́dí / hâ / 'cours préparatoire', / à-nɛ̂t / kéksɛ̀, / à-kɛ̂ /
il-*Pe*^{1}-quitter / là / cours préparatoire / il-renverser / examen / il-partir /

27. í-'cours élémentaire I', / klààs / áâ, / à-nɛ̂t / kéksɛ̀, /
dans-cours élémentaire I / classe / trois / il-renverser / examen /

28. à-kɛ̂ / í-'cours élémentaire II', // hálà / à-ɓéè / í-ŋwìí / mòm /
il-partir / dans-cours élémentaire II // ainsi / il-était / dans-année / dix /

29. má-sámàl / nì / áâ // í-ŋwìí / mòm / má-sámàl / nì / nâ / nyɛ́-n /
plur.-six / et / trois // dans-année / dix / *plur.*-six / et / quatre / c'est /

30. à-bí-tèmb / ní / yák / ɓà-gwâl / ɓéé / í-ɓùnjɔ̀k, / nyɔ̀ɔ́ / nyɛ́-n /
il-Pe^2-rentrer / donc / chez / parents / ses / à-Bunjock / là-bas / c'est /

31. à-bí-ɓòŋól / 'cours moyen I' / tɔ̀lɛ́ / kláás / í-yóhónɛ́ í-tân // í-ŋwìí / mòm /
il-Pe^2-faire / cours moyen I / ou / classe / cinquième // dans-année / dix /

32. má-sámàl / nì / tân / à-kɛ̂ / í-'cours moyen II' // y-ɔ̀kɛ́l / à-ɓéè /
plur.-six / et / cinq / il-partir / dans-cours moyen II // ce jour / il était /

33. ŋwìì / ŋw-áŋɛ́n ?// dì-n-kàl / lɛ́ / à-bí-gwéénɛ̀ / í-ŋwìí /
années / *plur.*-combien ?// nous-Pe^1-dire / que / il-Pe^2-naître / dans-année /

34. mòm / má-tân / ní / áâ, / hálà / à-yè-lɛ́ / í-ŋwìí / mòm /
dix / *plur.*-cinq / et / trois / ainsi / c'est-que / dans-année / dix /

35. má-sámàl / nì / tân / à-ɓéè / ŋwìí / jǒm / nì / m-áâ // há / nyɛ́-n /
plur.-six / et / cinq / il-était / années / dix / et / trois // là / c'est /

36. ŋwìì / w-éé / (ú) / bísú / à-bí-ɓɔ̀ŋ / 'C.M. II' // à-bí-lòòs /
année / sa / (de) / première / il-Pe^2-faire / C.M. II // il-Pe^2-passer /

37. ɓéé / 'certificat d'études primaires' / há / nyɛ́-n / à-tímbà //
ne pas / Certificat d'Etudes Primaires / là / c'est / il-reprendre //

38. í-ŋwìí / mòm / má-sámàl / nì / sámàl / à-tímbá / kí-ɓɔ̀ŋ / 'moyen II' //
dans-année / dix / *plur.*-six / et / six / il-reprendre / faire / C.M. II //

39. í-ŋwìí / û / nyɛ́-n / à-bí-lòós / 'CEP' // mɛ̀-mbôk / mɛ̀-kâl /
dans année / cette / c'est / il-Pe^2-passer / CEP // je-auparavant / je-dire /

40. ɓéé / lɛ́ / à-ɓéè / ŋwìí / jǒm / nì / áâ, / ndí / hálà / à-tà-ɓéé /
vous / que / il-était / années / dix / et / trois / mais / ainsi / ce n'est pas /

41. má-lígá / ínyùú / lɛ́ / í-ɓàlɛ́ / dì-n-kɛ́ / í-ɓèngɛ̀ / à-bí-gwèénɛ̀ /
vérité / parce / que / si / nous-Pe^1-aller / (pour) regarder / il-Pe^2-naître /

42. í-ŋwìí / mòm / má-tân / nì / áâ // í-ŋwìí / mòm / má-sámàl /
dans-année / dix / *plur.*-cinq / et / trois // dans-année / dix / *plur.*-six /

43. nì / áâ / à-pám / jóm / lí / ŋwíí // í-ŋwìí / mòm / má-sámàl /
et / trois / il-arriver / dix / de / années // dans-année / dix / *plur.*-six /

44. nì / tân / à-ɓéè / ndígí / jóm / lí / ŋwíí / nì / (ḿ)-máà ; //
et / cinq / il-était / seulement / dix / de / années / et / (*plur.*)-deux //

45. hálà / à-yè-lɛ́ / í-ngèdà / yèé / bìsú / à-ɓɔ̌ŋ / kláás / sámàl, /
ainsi / c'est-que / au-temps / son / premier / il-faire / classe / six /

46. tɔ̀lɛ́ / 'C.M. II' // à-ɓéè / ndígí / jòm / lí / ŋwíí / nì /
ou bien / C.M. II // il était / seulement / dix / de / années / et /

47. (ḿ)-máà // há / nyɛ̀-n / à-bí-nɛ̀t / ɓéé / 'CEP' / í-pám /
(*plur.*)-deux // là / c'est / il-*Pe* -renverser / ne pas / CEP / il-arriver /

48. lɛ́ / à-ń-lámá / tímbá / ɓɔ̂ŋ / kláás / sámàl // hálà / à-ɓéè /
que / il-*P*-devoir / reprendre / faire / classe / six // ainsi / il-était /

49. ní / í-ŋwìí / mòm / má-sámàl / nì / sámàl / há / nyɛ́-n / à-bí-yɔ́n /
donc / dans-année / dix / *plur.*-six / et / six / là / c'est / il-Pe^2-accomplir /

50. jòm / lí / ŋwíí / nì / áâ // ú-ŋwìí / û / nyɛ́-n / à-bí-nɛ̀t /
dix / de / années / et / trois // cette année / cette / c'est / il-*Pe*²-renverser/

51. 'CEP' // ú-ŋwìí / ú-bí-nɔ̀ŋ / hâ / hálà / à-yè-lɛ́ / í-ŋwìí /
CEP // cette-année / elle-*Pe* -suivre / là / ainsi / c'est-que / dans-année /

52. mòm / má-sámàl / nì / sâmbɔ̀k / à-jôb / í-'sixième' / í-lí-ɓàmbá / 'college' //
dix / *plur*.-six / et / sept / il-entrer / dans-sixième / à-Libamba / collège //

53. ì-yè / há / ɓá-sèbél / lɛ́ / collège évangélique de libamba //
il-est / là / ils-appeler / que / Collège Evangélique de Libamba //

54. í-ŋwìí / mòm / má-sámàl / nì / jwɛ̀m / à-nɛ̂t / kéksɛ̀ //
dans-année / dix / *plur*.-six / et / huit / il-renverser / examen //

55. à-bí-ɓɔ̀ŋ / 'cinquième' // í-ŋwìí / mòm / má-sámàl / nì / ɓòó /
il-*Pe*²-faire / cinquième // dans-année / dix / *plur*.-six / et / neuf /

56. à-ɓɔ̂ŋ / quatrième // í-nyùú / lɛ́ / à-bí-nɛ̀t / kéksɛ̀ / y-éé /
il-faire / quatrième // parce / que / il-*Pe* -renverser / examen / son /

57. lɔ̀ngɛ̂ / ndí / mà-ɓɛ́t / má / 'troisième' / à-kwɔ̂ / kéksɛ̀ // há / nyɛ̀-n /
bien / mais / entrée / de / troisième / il-tomber / examen // là / c'est /

58. à-tɔ́p / hà / ɓéé / témb / nyɔ́ɔ̀, / líɓàmbá // à-kɛ́ /
il-vouloir / (?) / ne pas / retourner / là-bas / Libamba // il-partir /

59. í-yàùndɛ̀ / í-ŋwìí / mòm / má-sâmbɔ́k / à-bɔ̂ŋ / 'troisième' //
à-Yaoundé / dans-année / dix / *plur*.-sept / il-faire / troisième //

60. í-ŋwìí / w-éé / bísú / à-kɛ́ / í-brèvêt, / à-lòòs / ɓéé //
dans-année / sa / première / il-partir / dans-brevet / il-passer / ne pas //

61. há / nyɛ̀-n / í-ŋwìí / (û) / bí-nɔ̀ŋ / hâ, / n-dùtù /
là / c'est / dans-année / cette / (qui) *Pe*²-suivre / là / difficultés /

62. ì-mánày / m-ɔ̀ní / mí-yéngɓàhà / í-ŋwìí / û / w-ɔ́sónà / ŋwìí /
ayant augmenté / argent / ils-manquer / dans-année / cette / toute / année /

63. mòm / má-sâmbɔ́k / nì / w-ádá / à-lòòs / wɔ́ / í-n-dàp //
dix / *plur*.-sept / et / un / il-passer / elle (*obj*.) / dans-maison //

64. í-ŋwìí / (û) / ɓá-nɔ̂ŋ / hâ / ǹ-sáŋ / à-hɛ́ŋ / ní / mà-njɛ̀l /
dans-année / (cette) / ils-suivre / là / père / il-lutter / avec / chemins /

65. mâ / má-sónà, / à-témb / à-há / nyɛ́ / í-sùgúlù // hálà /
ceux / *plur*.-tous / il-revenir / il-mettre / lui / dans-école // ainsi /

66. à-ɓéè / í-ŋwìí / mòm / má-sâmbɔ́k / nì / ɓáà / y-ɔ̌m / à-bí-ɓɔ̀ŋɔ̂k /
il-était / dans-année / dix / *plur*.-sept / et / deux / chose / il-*Pe*²-faire /

67. 'cours de soir' de collège notre dame de victoire / í-yàùndɛ̀ // í-ŋwìí /
cours du soir du Collège Notre-Dame de Victoire / dans-Yaoundé // dans-année /

68. û / nyɛ́-n / à-bí-lòòs / 'brèvêt', / ndí / í-ŋwìí / (û) /
cette / c'est / il-*Pe*²-passer / brevet / mais / dans-année / (cette) /

69. ú-bí-nɔ̀ŋ / hâ / à-tɛ́hɛ́ / ɓéé / n-jɛ̂l / î-kɛ̀ / í-sùgúlù //
qui-*Pe*²-suivre / là / il-voir / ne pas / chemin / qui-aller / dans-école //

70. í-ŋwìí / mòm / má-sâmbɔ́k / nì / ɓáà / à-bí-nèhèrà / 'brèvêt' / nì /
dans-année / dix / *plur.*-sept / et / deux / il-Pe^2-renverser / brevet / avec /

71. mà-nyâŋ / nú / m-bꜜús // kìí / m-ɔ̀ní / mí-bí-yꜜèngɓà / à-tɛ́hɛ́ / lɔ́ꜜngɛ́ /
frère / de / cadet // comme / argent / ils-Pe^2-manquer / il-voir / bon /

72. lɛ́ / á-n-nyɔ́ꜜdí, / á-káá / hꜜɛ̀ŋ / nyɛ́-mɛ̀dɛ́ / í-y-ɔ̌m /
que / il-Pe^1-quitter / il-commencer / essayer / lui-même / dans-chose /

73. (ǎ-)ɓꜜá / (ǎ-)n-kòs // à-sáâk / lɛ́ / 'cours par correspondance' /
(il)-aller / (il)-Pe^1-recevoir // il-payer / que / cours par correspondance /

74. lɛ́ / kíí // há / nyꜜɛ̀-n / í-ŋwìí / mòm / má-sâmbɔ́k / nì / áâ / nì /
que / quoi // là / c'est / dans-année / dix / *plur.*-sept / et / trois / et /

75. ú-ŋwìí / mòm / má-sâmbɔ́k / nì / nâ / à-bí-ɓɔ̀ŋ /
cette-année / dix / *plur.*-sept / et / quatre / il-Pe^2-faire /

76. 'cours par correspondance' // y-ɔ̌m / à-bí-nìgìlàk / 'radio' / lɔ̀ŋ /
cours par correspondance // chose / il-Pe^2-apprendre / radio / compagnie /

77. nì / sùgúlù / y-àdá / ì-yè / í-mbɛ̀ngɛ̀, / ɓá-ń-sèbél / lɛ́ / 'eurelec' //
avec / école / qui / elle-est / en-Europe / ils-P-appeler / que / Eurelec //

78. ɓ-ɔ́n / ɓá / ɓꜜéé-éblɛ̀ / nyɛ́ / bì-kɛ̀y // ɓá-éblɛ̀gɛ̀ / nyɛ́ / bì-kàat /
c'est / eux / ils-envoyer / lui / pièces // ils-envoyer / lui / livres /

79. à-nìgìlàk // à-bí-pꜜám / í-ɓɔ̀ŋ / m-ǎn / y-ɔ̀m / y-ádá, / m-ǎn /
il-apprendre // il-Pe^2-arriver / à-faire / petite / chose / une / petit /

80. kɛ̀y / í-n-hꜜòlá / tíbîl / 'radio' // à-bí-kꜜàhâl / ngá / kɛ́ /
fer / qui-Pe^1-aider / à réparer / radio // il-Pe^2-commencer / même / aller /

81. mú-n-dèk / jògà / ndí / í-ŋwìí / mòm / má-sâmbɔ́k / nì / tân /
un peu / beaucoup / mais / dans-année / dix / *plur.*-sept / et / cinq /

82. nyàndóm / w-éè / nú-mpɛ́, / í-pám / lɛ́ / à-ń-lɔ̌ / òlânt //
oncle maternel / son / de-autre / il-advenir / que / il-P-arriver / Hollande //

83. há / nyꜜɛ̀-n / nyàndóm / w-ꜜéè / à-bí-kàl / nyɛ́ / lɛ́ / à-ń-là /
là / c'est / oncle maternel / son / il-Pe^2-dire / lui / que / il / pouvoir /

84. lɔ́nꜜá / nyɛ́ // há / nyꜜɛ̀-n / ɓá-bí-kɛ̀ / nyɔ̀ꜜɔ́ // nyɔ̀ɔ́ / nyꜜɛ̀-n /
emmener / lui // là / c'est / ils-Pe^2-aller / là-bas // là-bas / c'est /

85. à-yè / há / nânɔ́ // ɓà-sángó, / ɓà-nyàngó, / ɓ-ɔ̀ngɛ́, / ɓà-wándá, /
il-est / là / maintenant // messieurs / mesdames / enfants / adolescents /

86. mì-máŋ / nì / ɓà-mbɔ́mbɔ̀k / ŋ̀-áŋ / û / w-ɔ́n / mì-ɓák / mì-gwèé / lꜜɛ̀ /
vieux / et / notables / histoire / cette / là / très récente / avoir / que /

87. mì-áŋlɛ́ / ɓéé / í-kɛ́glà / íní / ɓèè / ɓ-ɔ́n / nì-gwèé / ní / lɛ́ /
je-raconter / vous / dans-matin / ce / vous / c'est / avec-nous / avec / que /

88. ní-lébꜜá / njɛ́ɛ́ / à-yè / í-m-àngɛ́ / nû // mɛ̀-ń-yꜜèg / ɓéé //
vous-trouver / qui ?/ il-est / enfant / ce // je-P-saluer / vous //

Traduction littéraire :

Messieurs, Mesdames, enfants, jeunes gens, vieux et notables, Bonjour à tous.

Je m'en vais vous conter l'histoire de la vie d'un enfant, l'un de vos fils, un Basaa. Mais quelqu'un va peut-être me demander maintenant de qui il est l'enfant, quel est son nom, qui est son père, qui est sa mère ? Mais non, personne ne me le demande. Eh bien, dans ce cas, je ne vous dirai que le nom de son village. C'est Bundjock, village de [l'arrondissement de] Makak; et il appartient à la tribu des Ndekbeya.

Il est né en 1953 à Bundjock, il a donc 22 ans aujourd'hui. Lors de la guerre [civile], c'est-à-dire en 1958, il partit avec son oncle à Minduru, du côté de Batouri; après Batouri, il se rendit, toujours en compagnie de son oncle, à Song près d'Obala, pays des Eton. En quittant Song, il se sépara de son oncle pour rejoindre à nouveau ses parents à Bundjock. Je vais vous raconter maintenant la manière dont s'est déroulée sa scolarité à partir de 1959, alors qu'il était avec son oncle. En effet en 1960, ce dernier l'inscrivit à l'école, dans une classe où il était "dans la bande des lièvres" comme nous disons en basaa, classe qu'on appelle "cours d'initiation" dans le système scolaire français. Il passait en 1961 au "cours préparatoire"; c'est ainsi que s'appelle cette classe en français, en basaa il s'agit de la "classe n°2". Ayant réussi à l'examen de fin d'année, il fut admis en "classe n°3" ("cours élémentaire" en français); ceci en 1963. Et c'est donc en 1964 qu'il partit rejoindre ses parents à Bundjock où il continua au "cours moyen 1ère année", ou "classe n°5" et c'est en 1965 qu'il intégra le "cours moyen 2ème année". Quel âge pouvait-il avoir à l'époque ? Vous vous souvenez que je vous ai dit qu'il était né en 1953, ce qui fait qu'en 1965, il devait donc avoir 13 ans. Cette année-là, il ne put obtenir le Certificat d'Etudes Primaires (CEP); il redoubla cette classe en 1966 et c'est cette année-là qu'il allait connaître son succès au CEP.

Je me rappelle maintenant vous avoir d'abord dit qu'il avait 13 ans; je pense que je me suis trompé; car en y regardant de plus près et en faisant bien les comptes, je m'aperçois que s'il est né en 1953, il devait avoir dix ans en 1963, et en 1965 il n'avait que 12 ans. Par conséquent, au moment où il était au "cours moyen 2ème année" pour la première fois, il avait 12 ans; il redoubla cette classe en 1966 alors qu'il allait vers ses 13 ans et c'est cette année-là qu'il obtenait son CEP. En 1967, il entra en sixième au Collège de Libamba, dont l'appellation exacte est "Collège Evangélique de Libamba". En 1968 il passait en cinquième, en 1969 en quatrième, mais il ne réussit pas à son examen d'entrée en troisième, raison pour laquelle il refusa de se réinscrire à Libamba. Il choisit plutôt de partir pour Yaoundé en 1970 où il passa trois ans. Il se présenta au brevet, mais sans succès, et, pendant deux années successives, il connaîtra l'échec. Ces échecs répétés n'étaient pas pour arranger les choses et les difficultés financières ne cessèrent de s'accroître. C'est ainsi qu'en 1971, ne pouvant payer ses études, il dut rester à la maison. L'année suivante, son père fit l'impossible pour qu'il reprenne le chemin de l'école. En 1972, il s'incrivit aux "cours du soir" du "Collège Notre-Dame des Victoires" et il obtint le brevet. Mais l'année d'après, il ne put reprendre ses études, car son frère cadet ayant obtenu le brevet en même temps que lui en 1972, l'argent vint à manquer qui pouvait leur permettre d'étudier tous les deux. C'est pourquoi il jugea bon d'abandonner les études pour gagner sa vie et subvenir lui-même à ses besoins.

Il se mit donc à payer pour des cours par correspondance ou quelque chose de ce genre; c'est ainsi qu'au cours de l'année scolaire 73-74, il suivit par correspondance, des cours d'électronique, dans une école européenne, Eurelec : cet établissement lui envoyait des pièces [à monter], de l'outillage et des livres lui permettant d'apprendre tout seul. Il a réussi à fabriquer, tout seul, un petit instrument, une sorte de morceau de fer qui permettait de procéder à des réparations sur des radios. Il commençait à s'y connaître véritablement [et l'affaire prenait déjà de l'ampleur]; c'est alors qu'en 1975, un de ses oncles maternels revint de Hollande et décida de l'emmener avec lui. Ils y allèrent; il est en Hollande aujourd'hui.

Mesdames et messieurs, enfants et jeunes gens, vieux et notables, cette histoire que je viens de vous raconter ce matin est très récente et je vous laisse le soin de découvrir l'identité de cet enfant.

Au revoir, je vous quitte.

B. LEXIQUE

1. Nominaux

		classe	forme sous-jacente	forme de surface	biso (transcriptions phonologiques structuralistes)
1.	abeille	9/10	ny-òý/*id.*	*id.*	
2.	aile	5/6	lì-pàbí/mà-	*id.*	lìpàp/mìpàp
3.	ami	5/6	lì-wándá/mà-	*id.*	
4.	animal	7/8	ì-nùgá/bì-	nùgá/bì-nùgá	tít/*id.*
5.	arbre	7/8	ì-έ/bì-	έ/bì-έ	ìhé/bìhé
6.	bambou	9/10	ny-bàmbà/*id.*	m-bàmbà/*id.*	
7.	bière de céréale	8	bíέ	*id.*	
8.	bouche	9/6	ny-ɔ̀/mà-ny-	*id.*	ànù/mìnù
9.	bovin	9/10 ; 9/8	ny-àgà/*id.*(bì-)	*id.*/(bì-)	
10.	branche	3/4	ŋ̀-cε̂p/mì-ŋ̀-	ǹ-cε̂p/mì-ǹ-	
11.	bras	15/6	ù-ɔ̀ɔ́/mà-	wɔ̀ɔ́/mɔ̀ɔ́	jɔ̀ɔ̀/mɔ̀
12.	cadavre	3/4	mìm/*id.*	*id.*	
13.	ceinture	1/2	ny-kàndá/*id.*	kàndá/*id.*	
14.	cendres	5/6	lì-ɓú/mà-	*id.*	lìsùp/mìsùp
15.	cerveau	1/2	ǹ-ɓɔ̀ŋá/bà-	ɓɔ̀ŋá/bà-ɓɔ̀ŋá	
16.	chef	9/10 ; 9/8	ny-kíŋὲ/*id.*(bì-)	kíŋε̂/*id.*(bì-)	
17.	cheveux	19/13	hì-òŋ/dì-	h-òŋ/c-	lìvùù/mìvùù
18.	chèvre	9/10	ny-kέmbὲ/*id.*	kέmbε̂/*id.*	kámàk/*id.*
19.	chien	9/10	ny-gwɔ́/*id.*	ŋ-gwɔ́/*id.*	mbǔ/*id.*
20.	chose	7/8	ì-ɔ́m/bì-	yɔ̌m/gwɔ̌m	
21.	ciel	9	ny-gìí	ŋ-gìí	nlɔ̌p
22.	coeur	3/4	ŋ̀-έm/mì-ŋ̀	*id.*	
23.	cola	5/6	lì-ɓèl/mà-	*id.*	
24.	corde	3/4	ŋ̀-kòò/mì-ŋ̀	*id.*	ǹnkɔ̀ɔ̀/mìnkɔ̀ɔ̀
25.	corne	7/8	ì-tɔ́ŋ/bì-	tɔ́ŋ/bì-tɔ́ŋ	àhɔ̀ŋ
26.	corps	9/10 ; 9/6	ny-ùú/(mà-)ny-	*id.*	
27.	couteau	19/13	hì-kὲŋ/dì-	*id.*	vìcùὲŋ/àcùὲŋ
28.	crabe	5/6	lì-àlá/mà-	j-àlá/m-	
29.	dent	5/6	lì-sɔ̀ŋ/mà-	*id.*	lìsòŋ/mìsòŋ
30.	dieu	1/2	ǹ-nyámbὲ/bà-	nyámbε̂/bà-nyámbε̂	
31.	dos	9/10	ny-bús/*id.*	m-bús/*id.*	
32.	eau	6	mà-lép	*id.*	mìdǐp
33.	éléphant	9/10	ny-jɔ̀k/*id.*	n-ɔ̀ɔ̀k/*id.*	nzɔ̀k/*id.*

		classe	forme sous-jacente	forme de surface	biso
34.	enfant	1/2	m-àngέ/b-ɔ̀ŋgέ	m-àngέ/b-ɔ̀ŋgέ	mɔ̌n/ɓɔ̌n
35.	épine	7/8	ì-lɔ̀ɔ́/bì-	lɔ̀ɔ́/bì-lɔ̀ɔ́	
36.	épouse	1/2	mù-dàá/bò-	*id.*	ngáá
37.	esclave	3/4	ŋ̀-kɔ̀l/mì-ŋ̀-	*id.*	
38.	étranger	1/2	ǹ-kèn/bà-	ŋ̀-kèn/bà-	
39.	fer	7/8	ì-kɛ̀y/bì-	kɛ̀y/bì-kɛ̀y	ìcɛ̀ɛ̀/bìcɛ̀ɛ̀
40.	fesses, derrière	5/6	lì-tɔ́lɛ̀/mà-	lì-tɔ́lɛ̂/mà-	
41.	feuille	19/13	hì-àý/dì-	h-ǎy/*id.*	vìwáá/àwáá
42.	filet	9/10	ny-búnjá/*id.*	m-búnjá/*id.*	mbúnjà/*id.*
43.	foie	5/6	lì-ɓàà/mà-	*id.*	àtám
44.	fruit	5/6	lì-tám/mà-	*id.*	
45.	fusil	9/6	ny-gáá/mà-ny-	ŋ-gáá/mà-ŋ-	
46.	gorge	5/6	lì-ɔ̀ɔ́/mà-	j-ɔ̀ɔ́/m-	
47.	gorille	1/2	ǹ-pàgí/bà-	pàgí/bà-pàgí	
48.	graisse	5/6	lì-hɔ́ŋ/mà-	*id.*	lìvɔ́ŋ/mìvɔ́ŋ
49.	guerre	8	bì-èt	gw-èt	wélàn
50.	habit	9/10 ; 9/6	ny-bɔ́t/(mà-)ny-	m-bɔ́t/(mà-)*id.*	mbɔ́t/*id.*
51.	hache	3/4	ŋ̀-kùlɛ̀ŋ/mì-ŋ̀-	*id.*	
52.	haricot	9/10	ny-kún/*id.*	kún/*id.*	
53.	homme	1/2	mù-ǹ-lóm/bò-lóm		mòt·à·pâm/ ɓòt·à·pâm
54.	houe	7/8	ì-ɓàk/bì-	ɓàk/bì-ɓàk	
55.	huile	6	mà-òó	m-òó	mìwúú
56.	igname	7/8	ì-sínglí/bì-	sínglí/bì-sínglí	
			ì-òó/bì-	y-òó/gw-	
57.	jambe	15/6	ù-kòò/mà-	kòò/mà-kòò	àkòò/mìkòò
58.	jour	9/6	ny-kέl/mà-ny-	kέl/mà-kέl	vìlɔ́/àlɔ́
59.	lampe	7/8	(ì-)lámbɛ̀/bì-	làmbɛ̂/bì-lámbɛ̂	
60.	lance	5/6	lì-kɔ̀ŋ/mà-	*id.*	lìkɔ̀ŋ/mìkɔ̀ŋ
61.	léopard	9/10	ny-jéé/*id.*	n-jéé/*id.*	nzɛ̀ɛ̀/*id.*
62.	lit	7/8	ì-nàŋ/bì-	nàŋ/bì-nàŋ	
63.	main	15/6	ù-ɔ̀ɔ́/mà-	w-ɔ̀ɔ́/m-	
64.	maison	9/10 ; 9/6	ny-dáp/(mà-)ny-	n-dáp/(mà-)n-	ndǎp/mìndǎp
65.	marché	7/8	ì-ɓòm/bì-	ɓòm/bì-ɓòm	
66.	mari	1/2	ǹ-lóm/bà-ǹ-	ǹ-lóm/bà-ǹ-	ǹlóm/bìlóm
67.	message	9/10	ny-gàn/*id.*	ŋ-gàn/*id.*	
68.	montagne	19/13	hì-kòá/dì-	*id.*	vìkòlǎ/àkòlǎ
69.	mort (la -)	9/10 ; 9/6	ny-èmb/(mà-)ny-	*id.*	
70.	mouche	1/2	ǹ-jɛ̌mjɛ̀/bà-	ǹ-jɛ̌mjɛ̀/bà-	

	classe	forme sous-jacente	forme de surface	biso
71. mouton	3/4	ŋ̀-túmbà/mì-ŋ̀	ǹ-túmbâ/mì-ǹ-	
72. natte	7/8	ì-ɓúngà/bì-	ɓúngâ/bì-ɓúngâ	
73. nez	5/6	lì-úl/mà-	j-ǔl/m-	jòó/mòó
74. nid	5/6	lì-ùmbúl/mà-	j-ùmbúl/m-	
75. nom	5/6	lì-òý/mà-	j-ǒy/m-	jòó/mòó
76. nombril	5/6	lì-óp/mà-	j-ǒp/m-	jɔ̌p/mɔ̌p
77. oeil	5/6	lì-ís/mà-	j-ǐs/m-	dǐs/mǐs
78. oeuf	5/6	lì-cὲέ/mà-	*id.*	lìkì/mìkì
79. oiseau	19/13	hì-nùní/dì-	*id.*	vìnɔ̀n/ànɔ̀n
80. ongle	7/8	ì-àlâk/bì-	y-àlâk/gw-	yálàk/byálàk
81. oreille	15/6	ù-ó/mà-	ó/mà-ó	àhɔ́/mìhɔ́
82. os	7/8	ì-hès/bì-	hès/bì-hès	vès/bìvès
83. palmier	5/6	lì-hěn/mà	lì-hěn/mà-	
84. personne	1/2	m-ùt/ɓà-òt	m-ùt/ɓ-òt	mùt/ɓòt
85. pied	15/6	ù-kòò/mà-	kòò/mà-kòò	àkòò/mìkòò
86. piège	19/13	hì-àndí/dì-	h-àndí/c-	
87. pierre	9/10	ny-gɔ̀k/*id.*	ŋ-gɔ̀k/*id.*	ngɔ̂k/*id.*
88. pipe	19/13	hì-kódá/dì-	*id.*	
89. place	1/2	(ǹ-)hɔ̀má/ɓà-hɔ̀má	hɔ̀má/ɓà-hɔ̀má	
90. pluie	1/2	ǹ-nɔ̌p/ɓà-	nɔ̌p/ɓà-nɔ̌p	mbɛ̂ŋ
91. plume	7/8	ì-lèè/bì-	lèè/bì-lèè	ìlèè/bìlèè
92. poisson	19/13	hì-ɔ̀bí/dì-	h-ɔ̀bí/c-	kɔ̌s/*id.*
93. poivre	19/13	hì-lùbà/dì-	*id.*	
94. pont	3/4	ŋ̀-yàgà/mì-ŋ̀-	ǹ-yàgà/mì-ǹ-	
95. pot	19/13	hì-ɓὲέ/dì-	*id.*	
96. poule	9/10	ny-kɔ́p/*id.*	kɔ́p/*id.*	
97. poussière	9/10	ny-búlúk/*id.*	m-búlúk/*id.*	
98. queue	3/4	ŋwɛ̌l/*id.*	*id.*	ìnkìnà/mìnkìnà
99. racine	3/4	ŋ̀-kàŋ/mì-ŋ̀-	*id.*	ìnkàŋ/mìnkàŋ
100. remède	8	bì-ὲέ	gw-ὲέ	
101. sac	7/8	ì-ɓɔ̀t/bì-	ɓɔ̀t/bì-ɓɔ̀t	
102. salive	6	mà-táy	*id.*	
103. sang	6	mà-cèl	*id.*	mìkìì
104. sein	5/6	lì-ɓéè/mà-	*id.*	lìbέέ/mìbέέ
105. sel	7	ì-ɓàs	ɓàs	nkù/*id.*
106. serpent	9/10	ny-ɔ̀ó/*id.*	*id.*	ɲɔ̀/*id.*
107. singe	9/10	ny-kóy/*id.*	kóy/*id.*	
108. soleil	9	ny-hàngàà	hàngàà	vìáàn

	classe	forme sous-jacente	forme de surface	biso
109. termite	5/6	lì-sɛ́k/mà-	*id.*	
110. tête	3/4	ŋ̀-ɔ́/mì-ŋ̀-	*id.*	mú/mìmú
111. travail	7/8	ì-bùlú/bì-	bùlú/bì-bùlú	
112. trou	5/6	lì-túbá/mà-	*id.*	ǹmbìì/mìmbìì
113. ventre	5/6	lì-ɓùm/mà-	*id.*	lìbùm/mìbùm
114. viande	7	ì-nùgá	nùgá	nlámb/*id.*
115. village	9/10 ; 9/6	ny-báy/(mà-)ny-	m-báy/mà-m-	ǹnkɔ̀m/mìnkɔ̀m
116. vin	6	mà-hɔ̀k	*id.*	
117. visage	15/6	ù-sú/mà-	sú/mà-sú	
118. voleur	1/2	m-ùt wíp/ɓ-òt ɓíp	*id.*	

2. Verbaux

	basaa	biso
1. acheter	sɔ́mb	
2. aller, partir	kɛ̀	kɛ̀
3. arriver, venir	lɔ̀	sɔ́
4. assécher (s'-)	núm	
5. battre, faire du bruit	kùmb	
6. boire	nyɔ́	ɲú
7. chasser	ɓùù, kàt	bíém
8. couper	kít	sɛ́m
9. danser	sák	yém
10. déféquer	nyɛ̀	
11. demander	ɓàt	
12. descendre	sòs	
13. diviser	káp	
14. donner	tí	tí
15. entendre	nɔ́k	ók
16. enterrer	jù	jè
17. entrer	jòp	
18. envoyer, montrer	ɛ́p	hép
19. essayer, goûter	nɔ̀ɔ̀dɛ̀	
20. être, exister	ɓà	
21. éviter	ɓàmblɛ̀ (ɓàmb + V̀l + ɛ̀)	
22. faire	ɓɔ̀ŋ	
23. fatigué (être-)	tɔ̀mb	
24. fermer	yìp	

	basaa	biso
25. finir	màl	
26. insulter	sɔ̀l	
27. laver	nɔ́kɔ̂p	ɔ́gɔ̀p
28. lire	áŋ	
29. manger	jɛ́	jɛ́, dí
30. marcher, aller	tèmb	ùbɛ̀
31. monter	ɓɛ́t	
32. mordre	kɔ̀kɔ̀ɔ́	kògò
33. mûrir	hólól	
34. ouvrir	yìbìl	yìbìl
35. parler	pɔ́t	pɔ́t
36. pêcher, tirer	lɔ́p	lɔ́p
37. penser, se souvenir	hɔ́ŋɔ̂l	hɔ́n
38. pleurer, crier	ɛ̀ɛ̀	lón
39. plier, courber	hót	
40. porter	ɓɛ̀gɛ̀ɛ̀	
41. prendre	yɔ̀ŋ	ɲɔ̀ŋ
42. quitter	pám	
43. raconter	áŋâl	
44. refuser	cìl	
45. retourner	tèmb	
46. rêver	ɛ̀mɛ̀l	
47. rire	nɔ̀l	ɔ̀ɔ̀
48. sentir	nùmbɛ̀	ók
49. tirer	nìmbìl	nìmìì, dùdɛ̀ɛ̀
50. tomber	kwɔ̀	kwù
51. travailler	sàl	
52. traverser	yàp	
53. tromper	sɔ̀l	
54. vendre	nùŋùl	
55. voir	tɛ́hɛ́	ɛ́nɛ́
56. voler, dérober	níp	yíp
57. vouloir, avoir envie	sòmbòl	gwés

BIBLIOGRAPHIE

BOT BA NJOCK (H.M.), 1964, Les tons en ɓasa, *Journal of African Languages*, vol. III, n°3, pp. 252-259.

- 1970, *Nexus et nominaux en basaa*, Thèse de Doctorat d'Etat, dactylographié, Paris.

DUGAST (I.), 1949, *Inventaire ethnique du Sud-Cameroun*, Institut Français d'Afrique Noire, Série : Populations, n°1.

GEHR (C.), 1914, Die Bakoko-Sprache, *Mitteilungen des Seminars für orientalische Sprachen*, vol. XVII, n°3, pp. 118-133.

GREGOIRE (C.), 1975, *Les locatifs en bantou*, Musée Royal de l'Afrique Centrale, Annales, Série in-8°, Sciences Humaines, n°83, Tervuren.

GUTHRIE (M.), 1953, *The Bantu languages of Western Equatorial Africa*, Handbook of African Languages, Oxford University Press for the International African Institute.

- 1969-71, *Comparative Bantu, An Introduction to the Comparative Linguistics and Prehistory of the Bantu Languages*, Farnborough, Gregg Press, 4 vol.

HEINE (B.), HOFF (H.) et VOSSEN (R.), 1977, Neuere Ergebnisse zur Territorialgeschichte der Bantu, *Zur Sprachgeschichte und Ethnohistorie in Afrika : Neue Beiträge afrikanistischer Forschungen* (publié sous la direction de W.J.G. MÖHLIG, F. ROTTLAND et B. HEINE), Berlin, Dietrich Reimer Verlag, pp. 57-72.

KADIMA (M.), 1969, *Le système des classes en bantou*, Louvain, Vander.

LEMB (P.) et GASTINES (F. de), 1973, *Dictionnaire basaa-français*, Douala, Collège Libermann.

MEEUSSEN (A.E.), 1962, Meinhof's rule in Bantu, *African Language Studies*, vol. III, n°1, pp. 25-29.

- 1967, Bantu grammatical reconstructions, *Africana Linguistica*, vol. III, Annales des Sciences de l'Homme, n°61, Tervuren, pp. 79-121.

ROSENHUBER (P.S.), 1908, Die Basa-Sprache, *Mitteilungen des Seminars für orientalische Sprachen*, vol. XI, n°3, pp. 219-306.

SCHÜRLE (G.), 1912, *Die Sprache des Basa in Kamerun, Grammatik und Wörterbuch*, Abhandlungen des Hamburgischen Kolonialinstituts, Tome VIII, Reihe B, Völkerkunde, Kulturgeschichte und Sprachen, vol. 5.

SKOLASTER (P.H.), 1914, Die musikalischen Töne in der Basa Sprache, *Anthropos*, vol. IX, pp. 740-759.

TABLE des MATIERES

ACHEVÉ D'IMPRIMER SUR LES PRESSES
DE L'IMPRIMERIE ORIENTALISTE
À LOUVAIN
JUIN 1988